한문의 첫걸음

한문의 첫걸음

박무영·김성은 지음

연세대학교 출판문화원

한문의 첫걸음

지은이 박무영·김성은
펴낸곳 연세대학교 출판문화원
주 소 서울시 서대문구 연세로 50
전 화 02) 2123-3380~2
팩 스 02) 2123-8673
e-mail: ysup@yonsei.ac.kr
http://press.yonsei.ac.kr
등 록 1955년 10월 13일 제9-60호
인 쇄 네오프린텍(주)

2019년 8월 30일 1판 1쇄 2024 9월 20일 1판 4쇄
ISBN 978-89-6850-350-4(93720)

정 가 12,000원

- 머리말 -

이 책은 한자 낱글자에 대한 최소한의 소양을 갖추고, 사전을 통해 스스로 한자를 찾을 수 있는 정도의 학습자가 다음 단계인 문장 단위에 접근할 수 있도록 훈련하기 위해 기획되었다. 낱글자에서 문장 단위로 넘어가면 결국 문제가 되는 것은 문법이다. 따라서 본서의 내용은 '한문 문법에 대한 이해'로 총괄할 수 있을 것이다. 그러나 한문 문법에 대한 체계적, 학술적 이해는 본서의 목표가 아니다. 또한 정확한 문법적 용어나 특정 문법 체계 및 이론을 준수하려는 의지도 없다. 본서는 가능한 실용적으로 이 문제에 접근하려 하였다. 즉 한문 문장의 문법적 특성에 대한 최소한의 이해를 제공하고 출현빈도가 높은 문형을 익히도록 한 후, 이를 실제 문장 해독에 활용할 수 있도록 돕는 것이 이 책의 목표이다.

이와 같은 목표 아래, 1부에서는 한자 어휘와 한문 문장의 기본적인 구조에 대해 간략하게 설명하였다. 2부에서는 실제 문장에서 출현빈도가 높은 14가지의 문형을 선정하고, 그것을 한 장씩 배치하여 충분히 익힐 수 있도록 하였다. 따라서 각 장에서 하나의 중심 문형을 익히는 것이 기본 목표이다. 다만 해당 문형을 포함하고 있는 각 장의 본문에는 그 밖에도 다양한 문법표현들이 등장한다. 이러한 문법요소들도 함께 익힐 수 있도록 설명을 더하였다. 2부의 학습 과정이 충실히 이루어진다면, 출현빈도가 높은 한문 문형에 익숙해지고 다양한 문법적 요소들에 대한 경험도 축적될 것이다. 3부에서는 1부와 2부를 통해 습득되어 익숙해진 기본적 문법지식 및 문형을 활용해서 다양한 문장들을 스스로 해석하는 연습을 해 볼 수 있도록 예문들을 넣어두었다.

즉 이 책의 각 단계는 한자 낱글자가 결합해서 만들어내는 문형들을 익히고 연습해서 마침내 스스로 사전을 이용해서 한문을 해독할 수 있도록 안내하고 훈련하는 일련의 과정이다. 이 과정들을 충실히 이수하면, 특별히 어렵거나 궁벽한 한문 문장이 아니라면 스스로 읽어낼 수 있는 기본적인 소양이 마련될 것이라고 생각한다. 그리고 이를 발판으로 보다 복잡하거나 출현빈도가 낮은 문형들로 학습을 이어갈 수 있을 것이다.

이 책은 대학의 강의교재를 염두에 두고 편찬되었다. 따라서 한 학기 강의분에 분량을 맞추려고 의도하다보니 책이 얇아졌다. 그것은 실용성을 중시한 우리의 선택이다. 세상엔 연습하기에 좋은 한문 텍스트들이 많이 유통되고 있다. 이 책보다 고급 단계의 교재들도 많이 있다. 따라서 굳이 이 책에 여분을 많이 둘 필요가 없다고 생각하였다.

이 책에 실린 예문이나 본문들은 주로 지나간 시대 한반도에서 지어진 문장들 중에서 뽑았다. 사상적, 문예적으로 명문으로 평가받는 자료들 중에서, 또 가능한 다양한 장르의 글 중에서 선택하도록 애썼다. 한문 문형을 익히도록 하는 것이 이 책의 목표이지만, 이전 시대 한반도에서 한문으로 이루어진 문필 문화의 다양한 면모를 간접적으로나마 경험하는 기회도 이 책을 통해 얻을 수 있기를 바란다. 문법을 익히는 과정은 사실 지루한 과정이다. 그 지루한 과정이 흥미로운 예문의 내용을 통해서나마 위로받기를 바란 것이기도 하다. 이 책을 통해 함양된 한문 해독 능력이 다양한 분야에서 지적 성과로 이어지길 빈다.

편찬자들

- 차 례 -

제1부 한자어와 한문 문장 구조의 이해

제2부 한문 독해와 문형 익히기

제3부 한문 명문 감상하기

제1부

한자어와 한문 문장 구조의 이해

제1장 한자어의 이해 : 실사와 허사

한문의 문장 구조를 이해하기 위해서는, 먼저 한문 문장 속에서 나타나는 한자어의 몇 가지 특성에 대해 간략히 살펴볼 필요가 있다. 한문에서는 문법 기능이 형식적으로 표시되지 않기 때문에, 한자의 품사나 성분을 글자 자체만을 가지고 단정 짓기는 어렵다. 따라서 한자가 실제로 단어나 문장 속에서 어떤 기능을 맡고 있느냐를 확인해야만 그 의미를 확정할 수 있다.

古者親親尊尊長長賢賢, 爲斯道之大綱, 此四者, 卽所謂仁義禮智也.

옛 사람들이 친한 이를 친히 여기고, 존중할 이를 존중하며, 어른을 어른으로 모시고, 어진 이를 어진 이로 대접하는 것을 이 도(道)의 큰 강령으로 삼았으니, 이 네 가지는 바로 이른바 인의예지이다.

[정약용(丁若鏞), 『여유당전서(與猶堂全書)』]

위의 예문에서 밑줄 친 부분을 보면, '親'과 '尊'과 '長'과 '賢'이라는 네 글자가 각각 두 번씩 나열되어 있다. 그런데 이 문장 전체를 해석해 보면, 두 번씩 나열된 글자 중에서 앞의 글자는 동사이자 서술어로, 후자는 명사이자 목적어로 기능하고 있음을 알 수 있다. 같은 글자일지라도 문장 내에서 품사나 성분이 각기 다르게 쓰이고 있는 것이다. 아래의 예문도 밑줄 친 부분에 유의하여 해석해보자.

《淮南子》"靑出於藍而靑於藍", 喩弟子過於師也.

『회남자』에 "푸른색은 쪽에서 나왔지만 쪽보다 푸르다."라고 하였으니, 제자가 스승보다 나음을 비유한 것이다. [최치원(崔致遠), 『고운집(孤雲集)』]

子不父其父, 臣不君其君.

자식이 그 아버지를 아버지로 여기지 않으며, 신하가 그 군주를 군주로 여기지 않는다.

[정도전(鄭道傳), 『동문선(東文選)』]

이를 전제로 한자어를 단어나 문장 속에서의 기능에 따라서 분류해본다면, 한자어는 크게 '실사(實詞)'와 '허사(虛詞)'로 나뉠 수 있다.

1. **실사(實詞)** : 실질적인 뜻을 가진 글자 예) 天地玄黃
2. **허사(虛詞)** : 실질적인 뜻이 없이 문법적인 기능을 지니거나 어기(語氣)를 드러냄으로써 보조적인 역할을 하는 글자 예) 焉哉乎也

실사는 실질적인 뜻을 가진 글자로서, 독립적으로 의미를 지닌 말이다. 반면 허사는 독립적으로는 구(句)를 이루거나 의미를 지니지 못하며, 문장에서 보조적인 역할을 하는 말을 가리킨다. 예문의 '天地玄黃'과 '焉哉乎也'는 오늘날에도 잘 알려진 『천자문(千字文)』에 실려 있는 첫 구절과 마지막 구절이다. 이때 첫 구의 '천지현황'은 각각 '하늘', '땅', '검다', '누렇다'라는 구체적인 의미를 가지고 있는 실사이지만, 마지막 구의 '언재호야'는 문장을 완성하기 위해 보조적인 역할을 담당하는 허사들이다. 예컨대 '焉'은 의문사 또는 종결사 등으로 쓰이며, '哉'는 감탄이나 의문을 나타내는 종결사로 주로 쓰인다. 『천자문』에서 마지막 구절에 굳이 실질적인 뜻이 없는 이 네 글자의 허사들을 넣은 까닭은, 이러한 글자들이 실제 한문 '문장'을 완성시키기 위해 없어서는 안 될 요소이기 때문일 것이다.

한자어 중에는 실사로만 혹은 허사로만 쓰이는 글자들도 있지만, 실사로도 또 허사로도 다양하게 사용되는 한자어도 종종 있으므로 주의해야 한다. 아래의 예문에서는 그 대표적인 예로서 '之'의 여러 가지 쓰임새를 살펴보자.

子將安①之? 有父母在, 無兄弟, 而茫茫然去將安①之乎?

그대는 장차 어디로 가려는가? 부모께서 살아계시고 형제도 없거늘 아득히 떠나 장차 어디로 가려는가? [신국빈(申國賓), 『태을암집(太乙菴集)』]

日月星辰, 天②之文也; 山川草木, 地②之文也; 詩書禮樂, 人②之文也.

일월성신은 하늘의 문(文)이고, 산천초목은 땅의 문(文)이고, 시서예악은 사람의 문(文)이다. [정도전(鄭道傳), 『삼봉집(三峯集)』]

父子, 天性②之親. 生而育③之, 愛而教③之; 奉而承③之, 孝而養③之.

아버지와 자식은 천성의 지친이다. (아버지는) 그(자식)를 낳아 기르고 사랑하면서 가르치며, (자식은) 그(아버지)를 받들어 계승하고 효도하면서 봉양해야 한다. [박세무(朴世茂), 『동몽선습(童蒙先習)』]

위의 예문에서 ①'之'는 '가다'라는 동사로 쓰였고, ②'之'는 앞의 내용을 관형어, 즉 수식어로 만들어서 뒤의 내용을 꾸며주는 문법적인 역할을 하고 있다. 그런가하면 ③'之'는 '어버이' 혹은 '자식'을 지칭하는 대명사로 쓰였다. 같은 글자이더라도 ①, ③에서는 실질적인 뜻을 지닌 '실사'로서 사용된 것이라면, ②에서는 문법적인 기능을 하는 '허사'로서 사용된 것이다. 사실상 '之'는 여기에서 언급한 사례 이외에도 그 용법이 매우 다양하다. 물론 앞서 말했듯이 모든 글자가 이처럼 '실사'와 '허사' 양자로 쓰일 수 있는 것은 아니며, '허사'의 수는 실제로 '실사'에 비하여 훨씬 적다. 그러나 문장 내에서 '허사'는 사용 빈도가 매우 높으며 쓰임새도 다양하므로, 한문을 정확하게 해석하기 위해서는 이를 잘 이해하여야 한다.

제2장 한문 문장 구조의 이해

한문에서 보이는 문장 성분들 간의 기본적인 어순을 먼저 제시하면 다음과 같다. 1) 주어는 서술어의 앞에 위치한다. 2) 서술어는 목적어나 보어의 앞에 위치한다. 3) 수식어는 피수식어 앞에 위치한다. 그러나 이것은 어디까지나 기본적인 틀에 불과할 뿐, 실제 한문의 문장에는 다양한 변화가 존재한다. 그러므로 이 장에서는 우선 이 기본 어순을 따르고 있는 예문을 들어서 문장의 구조를 살펴본 뒤에, 문장 변화의 몇 가지 사례를 간략하게 함께 살펴보기로 한다.

1. 문장의 구조

(1) 기본 구조

필수 성분이라 할 수 있는 주어 · 서술어 · 목적어 · 보어 간의 구조는 아래와 같다.

1) 주술구조 : 주어 + 서술어

日出 해가 뜨다.

天高 하늘이 높다.

城中士大夫之能盡亭之勝者, 鮮矣.

도성 안의 사대부 가운데 정자의 승경을 제대로 감상할 수 있는 사람은 드물다. [정약용(丁若鏞), 『여유당전서(與猶堂全書)』]

2) 술보구조 : 서술어 + 보어

在家 집에 있다.

報國 나라에 보답하다.

少年易老學難成 소년은 늙기 쉽고 학문은 이루기 어렵다.

世固有 無其實而處其名者. 세상에는 진실로 실물은 없으나 이름을 지니는 경우가 있다.

[서영보(徐榮輔), 『죽석관유집(竹石館遺集)』]

3) 술목구조 : 서술어 + 목적어

勸學 학문을 권하다.

讀書 책을 읽다.

溫故知新 옛 것을 익혀 새 것을 알다.

自是漸覺 其言之有味、其義之無窮. 이로부터 점차 그 말에 음미할 것이 있고 그 뜻이 무궁하다는 것을 깨닫게 되었다. [이황(李滉), 『퇴계집(退溪集)』]

목적어가 두 개일 경우에는 다음과 같이 쓰인다.

贈余 蘭一盆. 나에게 난초 화분 하나를 주었다. [유몽인(柳夢寅), 『어우집(於于集)』]

宣廟嘗問朝士學問者 於退翁. 선조께서 조정의 선비 중에 학문이 훌륭한 사람을 퇴계 옹에게 물으신 적이 있다. [임헌회(任憲晦), 『고산집(鼓山集)』]

(2) 확장 구조

위에서 살펴본 구조 이외에, 실제 한문 문장을 해석하는 데에 있어서 미리 익혀둔다면 도움이 될 만한 한자어 간의 결합 구조를 몇 가지 더 살펴보자.

1) 수식구조 : 수식어 + 피수식어

관형어, 부사어와 같은 역할을 하는 수식어가 피수식어 앞에 놓인다.

紅花 붉은 꽃

極甚 몹시 심하다.

力走 힘껏 달리다.

관형어를 만들어주는 역할을 하는 '之'가 들어가서 수식구조를 만들기도 한다.

知己之友 나를 알아주는 벗

危急存亡之際 존망이 달린 위급한 때

2) 병렬구조

두 개 이상의 한자어가 병렬로 연결되는 경우이다.

往來 왕래(서로 대립되는 뜻의 한자어)

貴重 귀중(서로 대등한 뜻의 한자어)

巨大 거대(서로 유사한 뜻의 한자어)

* 이를 바탕으로 다음 『사자소학(四字小學)』에 나오는 문장들의 구조를 파악해보자.

父生我身, 母鞠我身. 父母有命, 俯首敬聽. 父母呼我, 唯而趨進.

積善之家, 必有餘慶; 不善之家, 必有餘殃. 損人利己, 終是自害. 禍福無門, 惟人所召.

鞠 기르다 (국)
俯 구부리다 (부)
呼 부르다 (호)
唯 공손히 대답하다 (유)
趨 종종걸음치다 (추)
殃 재앙 (앙)

2. 문장의 변화

(1) 도치

문장 성분이 기본적인 어순을 따르지 않고 뒤바뀌는 것으로, 흔히 강조하고 싶을 때나 어세를 고려할 때에 일어나는 변화이다. 특히 감탄문, 의문문에서 자주 일어난다.

既往之是非不能知, 則目前之是非何得知也? 지난날의 시비를 알지 못한다면, 눈앞의 시비를 어떻게 알겠습니까. [윤선도(尹善道), 『고산유고(孤山遺稿)』]

甚矣, 人之難知也! 사람을 알기가 어려움이 이다지도 심하구나. [이규보(李奎報), 『동문선(東文選)』]

爾之死矣, 吾誰與歸? 네가 죽었으니, 나는 누구와 함께 돌아갈꼬. [장유(張維), 『계곡집(谿谷集)』]

(2) 생략

중복되는 말을 생략하는 것으로, 필요한 성분이더라도 맥락에 의거하여 알 수 있을 경우에 일어난다.

湖之狀如琵琶, 故名焉. 호수의 모양이 비파의 모양과 비슷하므로 그렇게 이름 지은 것이다. [박대양(朴戴陽), 『동사만록(東槎漫錄)』]

直以天地爲大父母, 萬民爲大同胞.

단지 천지를 대부모로 삼고, 만민을 대동포로 삼았다. [권득기(權得己), 『만회집(晩悔集)』]

(3) 후치수식

뒤에서 앞의 말을 꾸며주는 것을 말한다. 일반적으로 수식어는 피수식어 앞에 오지만, 수식어가 피수식어의 뒤에 오는 경우도 종종 있다.

吾有友名甘休者, 豪傑士也.

나에게 감휴라는 이름을 지닌 벗이 있으니, 호걸인 선비이다. [남공철(南公轍), 『금릉집(金陵集)』]

제2부

한문 독해와 문형 익히기

제1장 삼국유사(三國遺事)와 의문표현

童謠滿京, 達於宮禁, 百官極諫, 竄流公主於遠方. 將行, 王后以純金一斗贈行. 公主將至竄所, 薯童出拜途中, 將欲侍衛而行. 公主雖不識其從來, 偶爾信悅. 因此隨行, 潛通焉. 然後知薯童名, 乃信童謠之驗. 同至百濟, 出母后所贈金, 將謀計活. 薯童大笑曰: "**此何物也?**" 主曰: "此是黃金, 可致百年之富." 薯童曰: "吾自小掘薯之地, 委積如泥土." 主聞大驚曰: "此是天下至寶, 君今知金之所在, 則**此寶輸送父母宮殿, 何如?**" 薯童曰: "可." 於是聚金, 積如丘陵, 詣龍華山 師子寺 知命法師所, 問輸金之計. 師曰: "吾以神力可輸, 將金來矣." 主作書, 并金置於師子前, 師以神力, 一夜輸置新羅宮中. 眞平王異其神變, 尊敬尤甚, 常馳書問安否. 薯童由此得人心, 卽王位.

– 一然, 『三國遺事』「紀異 第二 武王」

한자의 뜻과 음

謠 노래 (요)
禁 궁궐 (금)
諫 간언하다 (간)
竄 내치다 (찬)
流 내치다 (류)
贈 주다 (증)
薯 마 (서)

途 길 (도)
侍 모시다 (시)
雖 비록 (수)
爾 그러하다 (이)
隨 따르다 (수)
潛 몰래 (잠)
焉 어조사 (언)

掘 파다 (굴)
泥 진흙 (니)
委 쌓이다 (위)
於 어조사 (어)
聚 모으다 (취)
陵 언덕 (릉)
詣 이르다 (예)

并 아우르다 (병)
尤 더욱 (우)
甚 심하다 (심)
馳 달리다 (치)
卽 나아가다 (즉)

본문의 문법표현

1) 達於宮禁

'於'는 '~에'라는 뜻을 지니며, 장소를 나타낸다. 그밖에 대상, 시간 등을 나타내기도 한다. 비슷한 역할을 하는 한자어로 '于', '乎' 등이 있다.

2) 將行

'將'은 '장차'라는 의미로, 미래시제를 나타낸다.

3) 王后以純金一斗贈行

'以'는 '~를 가지고(서)', '~로써'라는 뜻으로, 도구적 의미를 지닌다.

- **余大笑曰: "以心觀心, 心其有幾?"**

  내가 크게 웃으며 말하였다. "심(心)으로써 심(心)을 본다면, 심(心)이 몇이나 있다는 건가?"

  [박지원(朴趾源), 『연암집(燕巖集)』]

4) 將欲侍衛而行

'而'는 앞뒤의 말을 이어주는 역할을 하며, 순접과 역접에 모두 쓰일 수 있다. 여기서는 순접으로 이어주고 있다.

5) 公主雖不識其從來

'雖'는 '비록 ~이지만(일지라도)'라는 뜻으로, 조건을 나타낸다.

6) 偶爾信悅

'爾'는 부사나 형용사를 만들어주는 역할을 하며, 상태를 나타낸다. 비슷한 역할을 하는 한자어로 '然'이 있다. 따라서 '偶爾'는 '偶然'과 같은 뜻이다.

7) 潛通焉

'焉'은 종결사로 쓰였다.

8) 吾自小掘薯之地

'自'는 '~로부터'라는 의미로 쓰이며, 뒤에 시간, 장소 등을 수반한다. 비슷한 역할을 하는 한자어로 '從'이 있다.

- **王謂是必仙靈降遊, 應是福地, 從此後, 禁人斬伐樹木.**

  왕이 이는 필시 선령이 강림하여 노니는 곳으로 응당 복된 땅일 것이라 하여 이로부터 이후로는 사람들이 나무를 베는 것을 금하였다. [김부식(金富軾), 『삼국사기(三國史記)』]

9) 委積如泥土

'如'는 '마치 ~와 같다'라는 뜻으로, 비유하는 표현이다.

10) 君今知金之所在, 則此寶輸送父母宮殿, 何如?

'則'은 구나 절을 이어주되, 앞의 내용을 조건으로 만들어준다.

11) 於是聚金

'於'는 '~에'라는 뜻으로, 장소, 대상, 시간 등을 나타낸다.

'是'는 대명사로서 '이', '이것'을 뜻한다.

12) 吾以神力可輸

'以'는 '~를 가지고(서)', '~로써'라는 뜻으로, 도구적 의미를 지닌다.

13) 將金來矣

'將'은 '~를 가지고'라는 뜻이다. '矣'는 종결사이다.

14) 薯童由此得人心

'由'는 '~을 말미암아'라는 뜻으로, 원인이나 이유를 나타낸다.

의문표현

1) 의문사 '何', '孰', '誰', '焉', '胡', '安', '惡', '奚' 등을 사용한다.

- 此寶輸送父母宮殿, 何如? [본문]
- 精思力行, 何憂不至? 정밀히 생각하고 힘써 행하면, 이르지 못함을 어찌 걱정하겠는가? [이남규(李南珪), 『수당집(修堂集)』]
- 孰不曰知? 眞知爲難. 孰不曰行? 實行爲難.
  누군들 안다고 하지 않겠는가마는 참으로 아는 것이 어렵고, 누군들 행한다고 하지 않겠는가마는 실제로 행하는 것이 어렵다. [신흠(申欽), 『상촌집(象村集)』]
- 疑胡不質? 質胡不精? 의심나면 어찌하여 묻지 않을 수 있겠는가? 묻는 것을 어찌하여 정밀히 하지 않을 수 있겠는가? [김낙행(金樂行), 『구사당집(九思堂集)』]

2) 의문을 나타내는 종결사 '乎', '耶(邪)', '哉', '與(歟)', '也' 등을 사용한다.

- 學而時習之, 不亦說乎? 배우고 때로 익히면 즐겁지 않겠는가. [『논어(論語)』]
- 心神專一, 無一物於胸中, 故能有是耶?
  심신이 전일하여 가슴속에 한 가지 사념도 없었기 때문에 이런 일이 있을 수 있었던 것인가? [조임도(趙任道), 『간송집(澗松集)』]

3) 문장의 앞과 뒤에서 의문사와 의문을 나타내는 종결사가 호응하기도 한다.

- 此何物也? [본문]
- 今日之事急矣, 非子, 誰能激衆心乎?
  오늘의 사태가 위급하니, 그대가 아니면 누가 군사들의 마음을 격동시킬 수 있겠는가. [김부식(金富軾), 『삼국사기(三國史記)』]
- 非篤於忠孝者，其孰能與此哉？
  충효에 있어서 독실한 자가 아니라면 누가 능히 이에 참여할 수 있겠는가.
  [김원행(金元行), 『미호집(渼湖集)』]
- 其不能一日去于朝也, 審矣, 顧以狎鷗名亭, 何哉?
  하루라도 조정에서 떠나 있을 수 없음이 분명한데, 도리어 압구라고 정자의 이름을 지은 것은 어째서인가? [이승소(李承召), 『삼탄집(三灘集)』]

저자와 저술 소개

● 일연(一然)

1206~1289. 고려 후기의 승려로, 본래의 이름은 김견명(金見明)이며, 자는 회연(晦然)·일연(一然), 호는 목암(睦庵), 법명은 일연, 시호는 보각(普覺)이다. 1227년(고종14) 승과(僧科)에 급제하여 삼중대사(三重大師)·선사(禪師)·대선사(大禪師)를 거쳐, 운해사(雲海寺)에서 조직한 대장경 낙성회(大藏經落成會)의 맹주가 되었다. 1277년(충렬왕3) 운문사(雲門寺) 주지가 되어 왕에게 법을 강론하였고, 이 무렵부터 『삼국유사(三國遺事)』를 저술한 것으로 알려져 있다. 1283년 국존(國尊)으로 추대되고 원경충조(圓經沖照)라는 존호를 받았다.

● 『삼국유사(三國遺事)』와 「기이(紀異)」편

고구려·백제·신라 삼국에 관련된 유사(遺事)를 담고 있는 이 책은 '왕력(王曆)', '기이(紀異)', '흥법(興法)', '탑상(塔像)', '의해(義解)', '신주(神呪)', '감통(感通)', '피은(避隱)', '효선(孝善)' 등 총9개의 편으로 이루어져 있다. 그 중 「기이」편은 한 왕과 그 왕대의 특징적인 사건 하나를 묶어서 한 조로 삼아 기술해 나간 것으로, 제목대로 '기이한 이야기'를 수록한 것이다.

● 무왕(武王)

백제의 제30대 왕으로, 재위 기간은 600~641년이다. 재위 기간 동안 백제의 중흥을 꾀하여서 왕권을 안정시키고 신라의 변경을 공격해 영토를 확장하였으며, 익산에 천도하려는 계획을 세웠다. 『삼국사기(三國史記)』 권27 「백제본기5(百濟本紀五) 무왕(武王)」에도 기록이 실려 있다.

더 읽어보기

백제의 제30대왕 무왕(武王)은 백제의 마지막 왕인 의자왕(義慈王)의 아버지로, 백제의 중흥을 위해 힘썼던 인물이다. 그는 재위 기간 동안 왕권을 안정시키고, 신라에게 빼앗긴 영토를 되찾고자 노력하였다. 삼국시대에 대한 대표적인 역사서인 『삼국사기(三國史記)』의 「백제본기(百濟本紀)」에서는 무왕에 대해서 기록하면서 그가 법왕(法王)의 아들로 이름이 장(璋)이며, 풍채가 뛰어나고 뜻과 기개가 호걸스러웠다고 소개하였는데, 『삼국유사(三國遺事)』의 「기이(紀異)」편에서는 그가 바로 잘 알려진 '서동요'의 작자이자 신라 진평왕(眞平王)의 딸 선화공주와 혼인한 서동(薯童)이라고 설명하고 있어서 흥미롭다.

한편 「기이」편 무왕조의 마지막 부분에는 백제의 무왕이 된 서동과 부인 선화공주가 사자사(師子寺)에 가다가 용화산(龍華山) 아래 큰 연못에서 미륵 삼존이 나온 것을 보고는, 선화공주의 뜻에 따라 그 연못을 메우고서 미륵사(彌勒寺)를 창건하였다는 미륵사 창건 설화가 실려 있다. 이것이 바로 백제의 사찰로는 가장 규모가 큰 것으로 알려진 익산의 미륵사로서, 백제의 익산 천도설을 뒷받침해주는 증거가 되기도 한다. 미륵사는 삼원(三院)으로 이루어져 동원(東院)과 서원(西院)에는 석탑이, 중원(中院)에는 목탑이 각각 자리하고 있었는데, 그 중 서원의 석탑이 지금까지도 남아 있다. 2001년부터 해체와 보수작업이 이루어졌으며, 그 과정에서 석탑 안에 보관되어 있던 사리장엄구가 발견되기도 하였다. 현재는 석탑의 보수가 완료되어 대중에 공개되었다.

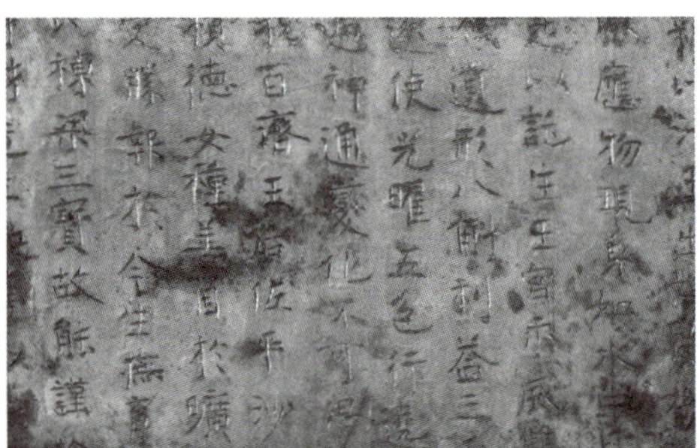

미륵사지 석탑 사리장엄구

제2장 〈백운거사전(白雲居士傳)〉과 감탄표현

白雲居士, 先生自號也. 晦其名顯其號, 其所以自號之意, 具載先生《白雲語錄》. 家屢空, 火食不續, 居士自怡怡如也. 性放曠無檢, 六合爲隘, 天地爲窄. 嘗以酒自昏, 人有邀之者, 欣然輒造, 徑醉而返, 豈**古陶淵明之徒歟!** 彈琴飮酒, 以此自遣, 此其錄也. 居士醉而吟, 自作傳, 自作贊. 贊曰: 志固在六合之外, 天地所不囿, **將與氣母遊於無何有乎!**

– 李奎報,『東國李相國集』「白雲居士傳」

平生唯酷好琴、酒、詩三物, 故始自號"三酷好先生". 然鼓琴未精, 作詩未工, 飮酒未多, 而享此號, 則世之聞者, 其不爲噱然大笑耶? 翻然改曰"白雲居士". 或曰: "子將入靑山, 臥白雲耶? 何自號如是?" 曰: "非也. 白雲, 吾所慕也. 慕而學之, 則雖不得其實, 亦庶幾矣. 夫雲之爲物也, 溶溶焉洩洩焉, 不滯於山, 不繫於天, 飄飄乎東西, 形迹無所拘也."……或曰: "居士之稱, 何哉?" 曰: "或居山或居家, 惟能樂道者, 而後號之也. 予則居家而樂道者也." 或曰: "審如是, 子之言, 達也, 宜可錄."

– 같은 책,「白雲居士語錄」

한자의 뜻과 음

晦 숨기다 (회)	邀 맞이하다 (요)	唯 오직 (유)	幾 거의 (기)
載 싣다 (재)	輒 번번이 (첩)	酷 심하다 (혹)	矣 어조사 (의)
屢 자주 (루)	歟 어조사 (여)	鼓 연주하다 (고)	溶 성대하다 (용)
怡 기뻐하다 (이)	琴 거문고 (금)	享 향유하다 (향)	洩 퍼지다 (예)
曠 탁트이다 (광)	吟 읊다 (음)	噱 크게 웃다 (갹)	繫 매다 (계)
隘 좁다 (애)	贊 기리다, 문체명 (찬)	耶 어조사 (야)	飄 나부끼다 (표)
窄 좁다 (착)	囿 얽매다, 국한하다 (유)	翻 뒤집다 (번)	哉 어조사 (재)

단어 주석

1) 陶淵明(도연명)

372~427. 중국 진(晉) 나라의 유명한 은자이자 시인이다. 벼슬을 버리고 고향으로 돌아가서 은둔하였으며, 집 주위에 버드나무를 심고 스스로를 오류선생(五柳先生)이라 부르고는, 「오류선생전(五柳先生傳)」을 지었다.

2) 無何有(무하유)

장자(莊子)가 말한 이상향인 '무하유지향(無何有之鄕)'의 준말로, 아무것도 없이 끝없이 펼쳐진 적막한 곳을 뜻한다. 『장자』 「소요유(逍遙遊)」에 "그대가 큰 나무를 갖고서 아무 쓸모가 없다고 걱정하고 있는데, 어찌하여 그 나무를 무하유지향의 광막한 벌판에 심어 두고서 하릴없이 그 곁을 서성이거나 그 밑에 누워서 소요해 볼 생각은 하지 않는가."라고 한 데서 온 말이다.

본문의 문법표현

1) 先生自號也

'也'는 평서문의 종결사로 쓰였다.

2) 其所以自號之意

'以'는 '~로써'라는 뜻이며, '所'는 '~한 바(것)'라는 뜻으로 의존명사와 같은 기능을 한다. 다시 말해, 여기에서의 '所以'는 뒤의 내용을 명사절로 만들어주면서 동시에 원인, 이유를 나타내는 역할을 하고 있다.

3) 居士自怡怡如也.

'如'는 부사나 형용사를 만들어주는 역할을 하며, 상태를 나타낸다. 비슷한 역할을 하는 한자어로 '然'이 있다.

4) 六合爲隘, 天地爲窄.

'爲'는 '~라고 여기다'라는 의미로, '六合'과 '天地'의 앞에 '以'가 생략되었다고도 볼 수 있다. '以…爲~'는 '…를 ~라고 여기다'라는 뜻으로 해석된다.

- **古人讀書, 以精熟爲貴, 不以疾讀遄畢爲尙也.**
  옛 사람들은 독서할 때에 정밀하고 능숙하게 읽는 것을 귀하게 여겼지, 빨리 읽어 끝내는 것을 높이 여기지 않았다. [이황(李滉), 『퇴계집(退溪集)』]

5) 嘗以酒自昏

여기에서의 '嘗'은 '常'과 같은 뜻으로, '항상', '늘'이라는 의미를 지닌다.

6) 人有邀之者

'之'는 대명사로 쓰였다.

7) 徑醉而返

'徑'은 '곧', '즉시'라는 뜻을 지닌다.

8) 豈古陶淵明之徒歟

'豈'는 '아마도'라는 뜻으로 추측을 나타내며 의문이나 감탄문의 형식으로 자주 쓰이는데, 여기에서는 감탄을 나타내는 종결사 '歟'와 호응하고 있다.

9) 將與氣母遊於無何有乎

'與'는 '~와 더불어'라는 뜻을 지닌다.

10) 故始自號三酷好先生

'故'는 접속사로서, '그러므로'라는 뜻을 지닌다.

11) 然鼓琴未精

'然'은 접속사로서, '그러나'라는 뜻을 지닌다.

12) 其不爲噱然大笑耶

'其'는 '어찌'라는 뜻으로 의문을 나타내며, 의문을 나타내는 종결사인 '耶'와 호응하고 있다.

13) 亦庶幾矣

'庶'와 '幾'는 둘 다 '거의', '가깝다'라는 뜻으로, 따라서 '庶幾'는 '~과 거의 가깝다(같다)'라는 의미를 나타낸다.

14) 夫雲之爲物也

'夫'는 '무릇'이라는 뜻으로 발어사이다.

'也'는 앞의 내용을 정돈하는 보조적인 역할을 하고 있다.

15) 溶溶焉洩洩焉

'焉'은 부사나 형용사를 만들어주는 역할을 하며, 상태를 나타낸다.

16) 惟能樂道者

'惟'는 '오직', '다만'이라는 뜻으로, 한정을 나타내는 표현이다.

감탄표현

1) 감탄사 '嗚呼(烏乎)', '於乎', '嗟乎', '于嗟', '噫' 등을 사용하며, '아아'와 같은 감탄의 의미를 지닌다.

- 嗟乎! 死生固大矣. 然人往往有視死如歸者, 爲義與名也.

  아아, 죽고 사는 문제는 본시 크다. 그러나 사람 중에는 종종 죽음을 보기를 자기가 돌아갈 곳처럼 생각하는 이가 있는데, 그것은 대의와 명분을 위하기 때문이다.

  [정도전(鄭道傳), 『동문선(東文選)』]

2) 감탄을 나타내는 종결사 '矣', '哉', '乎', '與(歟)', '夫' 등을 사용한다.

- 嘗以酒自昏, 人有邀之者, 欣然輒造, 徑醉而返, 豈古陶淵明之徒歟! [본문]
- 志固在六合之外, 天地所不囿, 將與氣母遊於無何有乎! [본문]
- 天之生材也，而遇不遇有命，悲夫!

  하늘이 인재를 낳지만, 시대를 만나고 못 만나는 것은 운명이니, 슬프도다!

  [김수항(金壽恒), 『문곡집(文谷集)』]
- 其始也若有所爲而生, 其終也不假以年, 嗚呼痛哉!

  처음에는 큰일을 하기 위해 태어난 듯하였으나, 마지막에는 장수를 누리지 못하게 하였으니, 아아, 애통하구나! [이언적(李彦迪), 『회재집(晦齋集)』]

저자와 저술 소개

● 이규보(李奎報)

1168~1241. 고려시대의 문신이자 문장가로, 초명은 이인저(李仁氐)이며, 자는 춘경(春卿), 호는 백운거사(白雲居士) · 삼혹호선생(三酷好先生), 본관은 황려(黃驪)이다. 1189년(명종19)과 이듬해에 사마시, 진사시에 합격하였으나 벼슬을 얻지 못하였다가, 1207년(희종3) 최충헌(崔忠獻)을 통해 한림원에 들어갔으며, 1237년(고종24) 70세의 나이에 문하시랑평장사(門下侍郎平章事)로 치사하여 한동안 칙명으로 제술(製述)을 계속하였다. 문집으로 『동국이상국집(東國李相國集)』이 있으며, 그 밖의 저술로 『동명왕편(東明王篇)』 등이 있다.

● 「백운거사전(白雲居士傳)」

이규보(李奎報)가 부친을 여의고 천마산(天摩山)에 은거하면서 지은 전기로, 자서전에 해당한다.

● 「백운거사어록(白雲居士語錄)」

이규보(李奎報)가 스스로 호(號)를 짓고 그 과정과 이유에 대해 기록한 글이다.

더 읽어보기

사람이 태어나서 본래의 성명(姓名) 이외에도 별칭으로서 자(字)나 호(號)를 가지는 문화는 중국에서 시작되었으며, 우리나라에도 삼국시대부터 유입되어서 점차 퍼져나간 것으로 알려져 있다. 이 자호(字號)를 지니는 문화는 당시에 남의 이름을 직접 부르는 것을 기피하여 별칭으로 부르던 관습과도 관련되어 있다. 보통 성인이 되는 의식으로 관례(冠禮)를 치르면서 가지게 되는 별칭이 자(字)라면, 호(號)는 일생에 걸쳐 다양하게 지을 수 있었다. 호는 자신이 짓기도 하고 남이 지어주기도 하였으며, 당호(堂號)와 같이 자신의 거처로 호를 삼기도 하고 그 사람이 지닌 목표나 포부에 따라서 호를 짓기도 하였다. '백운거사(白雲居士)'라는 이규보(李奎報)의 호는 이규보가 스스로 지은 자호(自號)로서, 본문에 실린 글들은 자신이 호를 짓고서 그 의미에 대해 스스로 기록해 둔 것이다.

이러한 전통은 동진(東晉)의 도연명(陶淵明)이 지은 「오류선생전(五柳先生傳)」에서 비롯되었다. 도연명은 잠시 벼슬길에 나갔다가 속세를 떠나서 평생 은둔한 대표적인 은자이자 시인(詩人)으로, 그는 집 주위에 다섯 그루의 버드나무를 심고서 '오류선생'으로서 자호(自號)를 삼고는 「오류선생전」을 지어서 자신의 지취를 적었다. 그 글을 보면 마치 가공의 인물에 대해서 지은 전기(傳記)인 것 같지만, 사실상 자신에 대해서 적은 오늘날의 자서전(自敍傳)과도 같은 글이라 할 수 있다.

제3장 〈조의제문(弔義帝文)〉과 인용표현

金宗直, 草茅賤士, 世祖朝登第, 成宗朝擢置經筵, 久在侍從之地, 以至刑曹判書, 寵恩傾朝. 及其病退, 成宗猶使所在官特賜米穀, 以終其年. 今其弟子金馹孫所修史草內, 以不道之言, 誣錄先王朝事, 又載其師宗直《弔義帝文》. **其辭曰**: "丁丑十月日, 余自密城道京山, 宿踏溪驛. 夢有神人, 被七章之服, 頎然而來, 自言: '楚 懷王孫心, 爲西楚伯王項籍所弒, 沈之郴江.' 因忽不見. **余覺之, 愕然曰**: '懷王, 南楚之人也, 余則東夷之人也. 地之相去, 不翅萬有餘里, 世之先後, 亦千有餘載, 來感于夢寐, 玆何祥也?' 且考之史, 無投江之語, 豈羽使人密擊, 而投其尸于水歟? 是未可知也. 遂爲文以弔之."

– 金宗直, 『佔畢齋集』「戊午史禍事蹟」에 인용된
연산군(燕山君)이 내린 전지(傳旨)와 그 속에 실린 「조의제문(弔義帝文)」

한자의 뜻과 음

茅 띠 (모)	誣 속이다 (무)	項 성씨 (항)	載 해, 년 (재)
擢 발탁하다 (탁)	弔 조문하다 (조)	弑 시해하다 (시)	于 어조사 (우)
筵 자리 (연)	辭 말 (사)	沈 잠기다 (침)	寐 잠자다 (매)
久 오래다 (구)	余 나 (여)	郴 강 이름 (침)	祥 조짐 (상)
曹 관청 (조)	驛 역 (역)	忽 갑자기 (홀)	尸 주검 (시)
寵 총애 (총)	被 입다 (피)	覺 깨다 (교)	歟 어조사 (여)
及 이르다 (급)	頎 헌걸차다 (기)	愕 놀라다 (악)	
賜 하사하다 (사)	楚 초나라 (초)	翅 다만 ~뿐이다 (시)	

단어 주석

1) 金宗直(김종직)

[저자와 저술 소개] 참조.

2) 金馹孫(김일손)

1464~1498. 자는 계운(季雲), 호는 탁영(濯纓), 본관은 김해(金海), 시호는 문민(文愍)이며, 김종직(金宗直)의 문인이다. 문과에 급제하고 벼슬이 이조 정랑에 이르렀는데, 1498년(연산군4) 훈구파가 일으킨 무오사화(戊午士禍)에, 스승 김종직의 「조의제문(弔義帝文)」을 사초(史草)에 실은 일 등이 문제가 되어 능지처참의 형벌을 받았다.

3) 丁丑(정축)

정축년은 김종직(金宗直)이 27세였던 1457년(세조3)을 말하는데, 김종직의 문집(文集)에 실린 연보(年譜)에서는 당시 김종직이 삼년상을 치르고 있을 때였으므로 바깥출입을 하였을 리가 없다고 의문을 제기하였다.

4) 七章之服(칠장지복)

화충(華蟲) · 화(火) · 종이(宗彝) · 조(藻) · 분미(粉米) · 보(黼) · 불(黻) 등 7가지 문양을 새겨 넣은 제후(諸侯)가 입는 옷이다.

5) 楚懷王孫心(초 회왕 손 심)

전국 시대 초(楚) 나라 회왕(懷王)의 자손인 심(心)을 가리킨다. 그는 초나라가 멸망한 뒤에 양치기를 하며 숨어 살고 있었는데, 항우(項羽)가 숙부인 항량(項梁)과 함께 민심을 얻기 위해서 그를 찾아서 회왕(懷王)으로 옹립하였고, 진(秦)을 공략한 뒤에는 그를 높여서 의제(義帝)라고 하였다. 그러나 항우는 끝내 스스로가 서초 패왕(西楚霸王)이 되어서, 의제를 장사(長沙)의 침현(郴縣)으로 옮기게 하고는 사람을 시켜 살해하였다. 항우는 항적(項籍)으로, 우(羽)는 그의 자(字)이다.

본문의 문법표현

1) 久在侍從之地

'之'는 앞의 내용을 수식어로 만들어서 뒤의 내용을 꾸며주는 역할을 하고 있다.

2) 以至刑曹判書

'以'는 앞의 내용을 받아오면서 순접으로 뒤의 내용과 이어주는 접속의 역할을 하며, 도구, 수단을 나타낸다.

3) 成宗猶 使所在官特賜米穀

'猶'는 '오히려'라는 뜻으로, 비슷한 의미를 지닌 한자어로 '尙'이 있다.

'使'는 '~로 하여금 ~하게 하다'라는 뜻으로, 사역표현을 만들어주는 보조사이다.

4) 以不道之言

'以'는 '~로써'라는 뜻으로, 도구적 의미를 지닌다.

5) 余自密城道京山

'余'는 '나'라는 뜻으로, 1인칭 대명사로 쓰인다. 같은 역할을 하는 한자어로 '我', '吾', '予' 등이 있다.

6) 爲西楚伯王項籍所弑

'爲…所~'는 피동을 만들어주는 표현으로, '…에 의해 ~되다(당하다)'라는 뜻을 지닌다.

7) 沈之郴江

'之'는 '~에'라는 뜻으로, 장소를 나타내는 전치사 '於'와 같은 역할을 한다.

8) 不翅萬有餘里

'翅'는 '다만 ~일 뿐이다'라는 뜻으로, '不翅'는 '다만 ~일 뿐만이 아니다'라는 의미를 지닌다.

'翅'와 같이 한정을 표현하는 한자어로 '但', '只' 등이 있다.

9) 來感于夢寐

'于'는 '~에', '~에서'라는 뜻을 지니며, 장소, 대상을 나타낸다. 비슷한 역할을 하는 한자어로 '於', '乎' 등이 있다.

10) 豈羽使人密擊, 而投其尸于水歟?

'豈'는 추측을 나타내는 의문사로, '어쩌면', '아마' 정도의 뜻을 지니며, '歟'와 호응한다.

'使'는 '~로 하여금 ~하게 하다'라는 뜻으로, 사역표현을 만들어주는 보조사이다.

11) 遂爲文以弔之

'之'는 대명사로 쓰였다.

인용표현

'曰', '云', '謂', '言' 등을 사용하여 인용을 나타낸다.

- 自言: "楚懷王孫心, 爲西楚伯王項籍所弑, 沈之郴江." [본문]
- 余覺之, 愕然曰: "懷王, 南楚之人也, 余則東夷之人也. 地之相去, 不翅萬有餘里, 世之先後, 亦千有餘載, 來感于夢寐, 玆何祥也?" [본문]
- 古諺云: "一人善射, 百夫決拾." 言效之者衆也.
  옛말에 이르기를, "한 사람이 활을 잘 쏘면, 백 사람이 깍지와 팔찌를 정비한다."라고 하였으니, 그것은 곧 본받는 자가 많음을 이른 말이다. [김종직(金宗直), 『점필재집(佔畢齋集)』]
- 後其相阿蘭弗曰: "日者天降我曰: '將使吾子孫立國於此, 汝其避之.'"
  훗날 재상인 아란불(阿蘭弗)이 말하였다. "어느 날 하느님이 내게 내려와 말하기를, '장차 내 자손에게 이곳에 나라를 세우게 할 것이니 너희는 피하라.'라고 하였습니다."
  [김부식(金富軾), 『삼국사기(三國史記)』]

저자와 저술 소개

● 김종직(金宗直)

1431~1492. 조선 전기의 문신이자 문장가로, 자는 계온(季昷), 호는 점필재(佔畢齋), 본관은 선산(善山), 시호는 문충(文忠)이다. 길재(吉再)의 학통을 계승하고 조광조(趙光祖)로 이어지는 도학 정통의 중추적 역할을 하였다. 1459년(세조5) 문과에 급제하여 예문관 봉교 · 선산 부사(善山府使) · 이조 참판 · 홍문관 제학 등을 역임하였고, 절의와 의리를 숭상하여 사림들에게 존경을 받았다. 1498년(연산군4)에 무오사화(戊午士禍)가 일어나면서 생전에 지은 「조의제문」이 문제가 되어 부관참시를 당하였다. 중종반정이 일어난 후 신원되었다. 문집으로 『점필재집(佔畢齋集)』이 있으며, 그 밖의 저술로 『유두류록(遊頭流錄)』, 『청구풍아(靑丘風雅)』 등이 있다.

● 「조의제문(弔義帝文)」

김종직(金宗直)이 항우(項羽)에게 죽은 중국 전국시대 초(楚) 나라 회왕(懷王)의 후손인 심(心), 즉 의제(義帝)를 조문하기 위해 지은 글이다. 항우는 진(秦) 나라를 칠 때에 회왕의 후손인 심(心)을 찾아 회왕으로 옹립하였다가, 진을 멸망시킨 후에 서초 패왕(西楚霸王)이 되고서는 결국 의제를 죽였다. 이 글의 내용이 세조(世祖)에게 죽임을 당한 단종(端宗)을 의제에 빗대어서 궁극적으로는 세조의 찬탈을 은근히 비난한 것이라 여겨져, 훗날 무오사화가 일어났을 때에 이 글을 쓴 김종직 역시 부관참시를 당하였다.

더 읽어보기

무오사화(戊午士禍)는 1498년(연산군4)에 김일손(金馹孫) 등의 신진 사류들이 훈구파에 의해 화를 입은 사건을 말한다. 이 사화는 김종직(金宗直)의 제자인 김일손이 『성종실록(成宗實錄)』을 편찬할 때에 자신의 사초(史草) 속에 스승의 「조의제문(弔義帝文)」을 넣은 것이 빌미가 되어 일어난 것으로 알려져 있으므로, 무오사화의 경우 사림(士林)이 화를 입었다는 의미의 '사화(士禍)'라는 명칭 말고도 '사(史)'자를 써서 '사화(史禍)'라 부르기도 한다.

본래 사림(士林)의 영수라 일컬어지던 김종직은 훈구파인 유자광(柳子光)과 사이가 좋지 못하였으며, 한편 김종직의 제자인 김일손은 성종(成宗) 때에 춘추관(春秋館)의 사관(史官)으로 있으면서 훈구파 이극돈(李克墩)의 부정과 비행을 사초에 기록해 두었다가 이극돈의 원한을 얻게 되었다. 그 후 1498년 『성종실록』이 편찬될 때 실록청(實錄廳)의 당상관이 된 이극돈은, 김일손의 사초에 훗날 단종(端宗)이 된 노산군(魯山君)의 죽음에 대한 언급과 더불어 그 스승인 김종직의 「조의제문」이 들어있는 것을 발견하고서, 이것을 빌미로 연산군에게 이들이 선왕(先王)인 세조(世祖)를 무함하였다고 고발하였다. 연산군은 당시에 주로 언관(言官)으로 관직에 진출해 있었던 사림(士林)들에 대해 불만을 가지고 있었는데, 이것이 사초 문제와 맞물리면서 사화가 일어나는 계기가 되었다. 그 결과 김종직은 죽은 사람의 관을 파헤쳐 시신의 목을 베는 부관참시의 형벌을 당했고, 김일손 등은 간악한 파당을 이루어 선왕을 무함하였다는 죄를 입고 죽었으며, 그 밖의 많은 신진사류들이 유배를 가거나 파면되었다.

제4장 격몽요결(擊蒙要訣)과 조건/가정표현

初學先須立志, 必以聖人自期, 不可有一毫自小退託之念. 蓋衆人與聖人, 其本性則一也. 雖氣質不能無淸濁粹駁之異, 而苟能眞知實踐, 去其舊染, 而復其性初, 則不增毫末, 而萬善具足矣. 衆人豈可不以聖人自期乎? 故孟子道性善, 而必稱堯、舜以實之曰: "人皆可以爲堯、舜." 豈欺我哉?

凡人自謂立志, 而不卽用功, 遲回等待者, 名爲立志, 而實無向學之誠故也. 苟使吾志誠在於學, 則爲仁由己, 欲之則至, 何求於人, 何待於後哉? 所貴乎立志者, 卽下工夫, 猶恐不及, 念念不退故也. 如或志不誠篤, 因循度日, 則窮年沒世, 豈有所成就哉?

– 李珥, 『擊蒙要訣』「立志」

한자의 뜻과 음

須 모름지기 (수)
毫 터럭 (호)
託 핑계 대다 (탁)
蓋 대개 (개)
濁 흐리다 (탁)
粹 순수하다 (수)
駁 섞이다 (박)
苟 만약 (구)
染 물들다 (염)
矣 어조사 (의)
堯 요임금 (요)
舜 순임금 (순)
皆 모두 (개)
欺 속이다 (기)
凡 무릇 (범)
謂 이르다 (위)
卽 곧 (즉)
遲 지체하다 (지)
吾 나 (오)
欲 하고자 하다 (욕)
乎 어조사 (호)
恐 두려워하다 (공)
篤 독실하다 (독)
循 좇다 (순)
沒 마치다 (몰)

본문의 문법표현

1) 必以聖人自期

'以'는 '~로써'라는 의미를 지닌다.

- **語不能通, 以文字相酬答.**

  말이 통하지 않아서 문자로써 문답했다. [이의현(李宜顯), 『도곡집(陶谷集)』]

2) 蓋衆人與聖人

'蓋'는 앞의 문장과 뒤의 문장을 이어주면서 어기사의 역할을 하거나 원인을 나타내는 역할을 한다.

'與'는 '~와(과)'라는 의미를 지니며, 앞뒤의 한자어를 병렬로 이어주는 접속사이다. 비슷한 역할을 하는 한자어로 '及'이 있다.

- **伯兄下世, 亦垂三十年, 仲兄及我及汝, 俱至老暮.**

  백형께서 별세하시고 또한 30년이 지나, 중형과 나와 너는 모두 노년기에 이르렀다.
  [권시(權諰), 『탄옹집(炭翁集)』]

3) 其本性則一也

여기에서의 '則'은 '곧' 정도의 의미로, 강한 긍정을 나타내는 어기사로 쓰였다.

4) 而萬善具足矣

'而'는 앞뒤의 말을 이어주는 역할을 하며, 순접과 역접에 모두 쓰일 수 있다. 여기서는 역접으로 이어주고 있다.

5) 必稱堯舜以實之

'以'는 앞의 내용을 받아오면서 순접으로 뒤의 내용과 이어주는 접속의 역할을 하며, 도구, 수단을 나타낸다.

6) 人皆可以爲堯舜

'可以'는 '~할 수 있다'라는 뜻으로 가능을 나타내는 보조사이다.

7) 凡人自謂立志, 而不卽用功, 遲回等待者

'者'는 '~하는 것'이라는 뜻으로, 앞의 구절들을 받아서 명사절로 만들어주는 역할을 한다.

8) 名爲立志

'爲'는 '~라고 하다'라는 뜻으로, '謂'와 같은 의미를 지닌다.

9) 而實無向學之誠故也

'故'는 문장의 끝에 쓰여서 앞의 내용을 받아오면서 '~하기 때문이다'라는 의미를 나타낸다.

10) 猶恐不及

'猶'는 '(~하고서도) 오히려'라는 의미를 지닌다.

조건/가정표현

어떤 상황이나 조건을 설정하여 결과를 예상하거나 의지를 드러내는 표현이다.

1) 가정의 의미를 나타내는 보조사 '若', '如', '苟', '假令', '假使', '苟使' 등을 사용하며, '만약 ~라면'이라는 지닌다. 한편 '雖', '縱', '設使' 등의 보조사는 '비록(설사) ~일지라도'라는 의미를 지닌다.

- 若不現也, 燔灼而喫.
  만약 드러내지 않으면 구워서 먹으리. [「구지가(龜旨歌)」]

- 如不節用, 餓死久矣.
  만일 아껴 쓰지 않았다면 오래전에 굶어 죽었을 것이다. [임헌회(任憲晦), 『고산집(鼓山集)』]

- 雖僞而已立其志, 則上縱逼之, 矢死不赴可也.
  비록 위선이었더라도 이미 뜻을 세웠다면, 임금이 아무리 다그치더라도 죽기를 맹세하고 가지 않았어야 옳았다. [허균(許筠), 『성소부부고(惺所覆瓿稿)』]

2) 접속사 '則'을 써서 조건이나 가정의 의미를 나타내며, 위의 가정의 의미를 나타내는 보조사들과 호응하기도 한다.

- 苟能眞知實踐, 去其舊染, 而復其性初, 則不增毫末, 而萬善具足矣. [본문]
- 苟使吾志誠在於學, 則爲仁由己, 欲之則至, 何求於人, 何待於後哉? [본문]
- 如或志不誠篤, 因循度日, 則窮年沒世, 豈有所成就哉? [본문]
- 一家之人, 務相雍睦, 其心和平, 則家內吉善之事必集.
  온 가족이 화목하기를 힘써 마음이 화평하면 집안에 좋은 일들이 반드시 모인다.
  [이이(李珥), 『율곡전서(栗谷全書)』]
- 若因一困拂, 而遽喪其所守, 則不可謂之士矣.
  한 번 어려움에 부딪쳤다고 대번에 자기가 지키던 뜻을 버린다면, 선비라고 할 수 없다.
  [이황(李滉), 『퇴계집(退溪集)』]

3) 문맥상 조건이나 가정으로 해석해야 하는 경우도 있다.

- **志不定, 不立; 容不定, 不肅; 步趨不定, 不端; 出言辭不定, 不溫.**

  뜻이 정해지지 않으면 설 수 없고, 용모가 정해지지 않으면 엄숙할 수가 없고, 걸음걸이가 정해지지 않으면 단정할 수가 없고, 말을 할 때에 말씨가 정해지지 않으면 온화할 수가 없다.

  [이남규(李南珪), 『수당집(修堂集)』]

- **大盜不去, 民盡劉.**

  큰 도적을 제거하지 않으면 백성이 다 죽을 것이다.

  [정약용(丁若鏞), 『다산시문집(茶山詩文集)』]

저자와 저술 소개

● 이이(李珥)

1536~1584. 조선 전기의 문신이자 학자로, 자는 숙헌(叔獻), 호는 율곡(栗谷) · 석담(石潭) · 우재(愚齋), 본관은 덕수(德水), 시호는 문성(文成)이다. 문과에 9차례 장원하였으며, 병조 판서 · 우참찬 등을 거쳐 벼슬이 이조 판서에 이르렀다. 「동호문답(東湖問答)」 · 「만언봉사(萬言封事)」 · 「성학집요(聖學輯要)」 등을 지어 국정 전반에 관한 개혁안을 제시했으며, 「시무육조(時務六條)」를 지어 바치는 한편 경연에서 외적의 침입을 대비하기 위한 '십만양병설'을 주장하기도 하였다. 문묘에 제향 되었다. 문집으로 『율곡전서(栗谷全書)』가 있다.

● 『격몽요결(擊蒙要訣)』

1577년(선조10) 이이(李珥)가 학도들에게 도학(道學)의 입문을 가르치기 위해서 저술한 책으로, 부제학을 사퇴하고 해주(海州)의 은병정사(隱屛精舍)에서 제자들을 가르칠 때에 초학서의 필요성을 깨닫고 저술한 것이다. 본문은 입지(立志) · 혁구습(革舊習) · 지신(持身) · 독서(讀書) · 사친(事親) · 상제(喪制) · 제례(祭禮) · 거가(居家) · 접인(接人) · 처세(處世) 등 총10장으로 구성되어 있다. 저술 직후부터 널리 읽혔으며, 인조 때에는 전국의 향교에 이 책을 내려 교재로 삼도록 하였다.

더 읽어보기

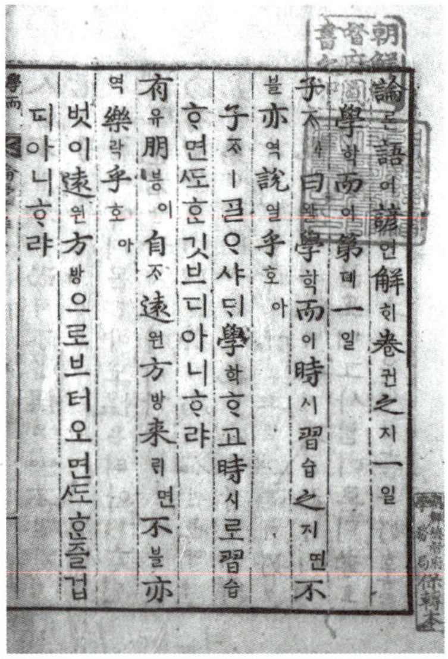

『논어언해』「학이」편

조선시대에 어린아이가 처음 한문을 공부할 때에, 먼저 『천자문(千字文)』 등의 책으로 기초 글자들을 익히고 나면 흔히 『격몽요결(擊蒙要訣)』이나 『동몽선습(童蒙先習)』과 같은 초학서를 읽었다. 이를 통해 어린아이가 먼저 익혀야 할 지식을 습득하고 나서, 그 후에 비로소 사서삼경(四書三經)과 같이 잘 알려진 경전(經傳)들을 읽었다. 『격몽요결』 독서장(讀書章)에서는 향후 읽을 책들을 공부하는 차례에 대해서 설명하였는데, 그 차례는 다음과 같다. 먼저 『소학(小學)』을 통해 오륜(五倫)의 도리를 익히고 나면, 『대학(大學)』·『논어(論語)』·『맹자(孟子)』·『중용(中庸)』의 순서로 사서(四書)를 읽는다. 그 뒤 『시경(詩經)』·『예기(禮記)』·『서경(書經)』·『역경(易經)』의 순서로 『예기』 및 삼경(三經)을 읽으며, 마지막으로 『춘추(春秋)』를 읽으라고 하였다. 그리고 나면 송대(宋代)의 유학자들의 책인 『근사록(近思錄)』·『가례(家禮)』·『심경(心經)』·『주자대전(朱子大全)』 등이 추가되는데, 여기서 언급된 이 책들이 바로 일종의 교과서였던 셈이다.

그런데 이 책들에 담긴 내용은 차치하더라도, 한글과는 문법도 어순도 다른 한문이 처음부터 쉽게 읽힐 수가 없었다. 그래서 한문 문장에 '토(吐)'를 붙여서 읽는 관습이 생기게 되었다. 토는 한문의 구(句) 사이에 붙인 한글 조사나 어미 등의 도움말로, 예컨대 『논어』「학이(學而)」 첫 장의 "배우고 때로 익히면 즐겁지 않겠는가.[學而時習之, 不亦說乎?]"라는 한문 구절에 토를 붙여서 "學而時習之면 不亦說乎아"라고 읽는 것과 같다. 이렇게 토를 붙이는 것을 현토(懸吐)라고 하는데, 조선에서는 사서(四書) 등의 책을 편찬할 때에 현토를 하고 아예 한글로 번역한 언해(諺解)까지 붙여서 좀 더 쉽게 학습할 수 있도록 재구성하기도 하였다.

제5장 애도하는 글과 금지 · 반어표현

余方少年好狎遊, 無幾微見於顔面. 若或少縱, 則輒曰: "君子處己當嚴. 古人有不入酒肆茶房者, 況甚於此乎?"余聞而心愧, 少或戢焉. 常勸余勤學曰: "丈夫生世, 取科第躋膴仕, 可以爲親榮, 而私於己者亦多. 君家貧, 姑且老, 勿恃才而悠泛度日. 光陰迅速, 後悔曷追乎?"…… 享年二十二, 而同住凡八年, 嗚呼痛哉! 其子以無乳夭, 初生一女, 長適進士李士星, 生子女各一. 己酉, 余陞堂上拜刑曹參議, 以例追封淑夫人. 噫! 以君之淑行, 年不克中壽, 且絕其嗣, 天道亦難諶矣. 方其窮時, 對君挑短檠, 熒熒夜艾, 展書讀之, 稍倦則君必戲曰: "毋怠慢遲我夫人帖也." 豈知十八年之後, 只以一張空誥, 薦之於靈座, 而享其榮者, 非吾結髮之逑? 君若有知, 亦必嗟悼, 嗚呼哀夫!

– 許筠, 『惺所覆瓿稿』「亡妻淑夫人金氏行狀」

한자의 뜻과 음

余 나 (여)
狎 친압하다 (압)
幾 기미 (기)
微 작다 (미)
若 만약 (약)
縱 방종하다 (종)
肆 가게 (사)
愧 부끄러워하다 (괴)
戢 그치다 (집)
躋 오르다 (제)
膴 크다 (무)

勿 말다 (물)
恃 믿다 (시)
悠 아득하다 (유)
泛 뜨다 (범)
迅 빠르다 (신)
曷 어찌 (갈)
嗚 슬프다 (오)
夭 요절하다 (요)
陞 오르다 (승)
封 봉하다 (봉)
淑 맑다 (숙)

噫 탄식하다 (희)
克 능하다 (극)
壽 수명 (수)
嗣 후사 (사)
諶 믿다 (심)
挑 돋우다 (도)
檠 등불 (경)
熒 빛나다 (형)
艾 다하다 (애)
稍 약간 (초)
倦 게으르다 (권)

毋 말다 (무)
帖 문서 (첩)
只 다만 (지)
誥 직첩 (고)
薦 올리다 (천)
逑 짝 (구)
嗟 탄식하다 (차)
悼 슬퍼하다 (도)

단어 주석

1) 己酉(기유)

1609년(광해군1)으로, 당시 허균(許筠)은 41세였으며, 허균의 아내가 별세한 지는 18년이 지난 때이다.

2) 淑夫人(숙부인)

조선시대에 정3품 당상관인 문관과 무관의 아내에게 내렸던 작호를 말한다.

본문의 문법표현

1) 余方少年好狎遊

'方'은 '한창', '바야흐로'라는 뜻을 지닌다.

2) 若或少縱, 則輒曰

'若'은 '만약'이라는 뜻으로 가정을 나타내며, '則'과 호응한다.

3) 君子處己當嚴

'當'은 '마땅히 ~해야 한다'라는 뜻으로, 당위를 나타낸다.

4) 況甚於此乎

'況'은 '하물며(더구나) ~에 있어서겠는가'라는 뜻으로, 강조해주는 억양 표현에 해당되며, 종결사 '乎'와 호응한다.

'於'는 '~보다'라는 뜻으로, 비교할 때에 쓰이는 표현이다.

5) 少或戢焉

'焉'은 종결사이다.

6) 君家貧

'君'은 '그대'라는 뜻으로, 2인칭 대명사이다. 같은 역할을 하는 한자어로 '汝(女)', '爾' 등이 있다.

- **爾等亦勿輕發言語, 以觸禍機.**

  그대들도 함부로 발설하여 화기를 저촉하지 말라. [윤근수(尹根壽), 『월정집(月汀集)』]

7) 其子以無乳夭

'以'는 '~로 인하여'라는 뜻으로, 원인을 나타낸다.

8) 以例追封淑夫人

'以'는 '~에 따라서', '~대로'라는 뜻이다.

9) 年不克中壽

'克'은 '~할 수 있다'라는 뜻으로, '能'과 같은 의미를 지닌다.

10) 薦之於靈座

'之'는 대명사이다.

11) 君若有知

'若'은 '만약'이라는 뜻으로 가정을 나타낸다.

12) 嗚呼哀夫

'夫'는 감탄을 나타내는 종결사이다.

금지표현

'毋', '勿', '無', '莫' 등을 동사 앞에 사용하여, '~하지 말라'라는 금지의 의미를 나타낸다.

- 君家貧, 姑且老, 勿恃才而悠泛度日. [본문]
- 毋怠慢遲我夫人帖也. [본문]
- 思之勿深, 深則多疑. 商酌折衷, 三思最宜.
  생각하기를 너무나 깊게 하지는 말라. 깊게 생각하면 의심이 많게 된다. 참작하고 절충하여 세 번쯤 생각하는 것이 가장 적당하다. [이규보(李奎報), 『동문선(東文選)』]
- 新法莫設, 舊法勿革.
  새 법을 세우지 말고, 옛 법을 바꾸지 말라.
  [『승정원일기(承政院日記)』 영조(英祖) 7년 2월 27일]
- 未間，千萬節哀強食，毋貽朋友之憂，切仰切仰.
  그 사이에 부디 슬픔을 조절하고 음식을 억지로라도 먹어 붕우에게 근심을 끼치지 마시기를 간절히 바라고 간절히 바랍니다. [이상정(李象靖), 『대산집(大山集)』]

반어표현

어떤 일을 확인 · 강조하는 표현으로, 문장의 형식은 보통 의문을 나타내지만 답을 요구하는 것이 아니라 강한 긍정 혹은 부정을 내포하고 있는 것을 말한다.

1) 의문사 '何', '奚', '胡', '曷', '詎', '安', '庸', '烏', '惡', '焉', '寧', '豈', '何爲', '奚爲' 등을 사용하며 표현하며, 이는 반어를 나타내는 종결사 '乎', '耶(邪)', '哉', '與(歟)', '諸', '也' 등과 호응하기도 한다.

- 光陰迅速, 後悔曷追乎? [본문]
- 豈知十八年之後, 只以一張空誥, 薦之於靈座, 而享其榮者, 非吾結髮之逑? [본문]
- 若有得於此兮, 詎無失於彼也? 不有虧而能成兮, 固必無之理也.
  만일 여기에서 얻음이 있으면 어찌 저기에서 잃음이 없겠는가. 이지러뜨리지 않고 이룰 수 있는 것은 진실로 결코 있을 수 없는 이치이네. [남구만(南九萬), 『약천집(藥泉集)』]
- 豈可都喪廉恥, 知進而不知退乎?
  어찌 염치를 모두 잊어버리고서 나아갈 줄만 알고 물러날 줄을 모르는 것이 옳겠습니까. [김육(金堉), 『잠곡유고(潛谷遺稿)』]

2) 반어를 나타내는 종결사 '乎', '耶(邪)', '哉', '與(歟)', '諸', '也' 등만을 사용하여 표현하기도 한다.

- 棄官如蹝, 古之義也, 旣遞而悲, 不亦羞乎?
  벼슬을 헌신짝처럼 버리는 것이 옛사람의 의리이니, 체임되고 나서 슬퍼한다면 또한 부끄럽지 않겠는가. [정약용(丁若鏞), 『목민심서(牧民心書)』]
- 人之賢否而政之治亂係焉, 擢用之際, 可不愼歟?
  사람이 현능한가에 정치의 치란이 달려 있으니, 발탁하고 등용할 때 신중히 하지 않아서야 되겠습니까. [황현(黃玹), 『매천집(梅泉集)』]

저자와 저술 소개

● 허균(許筠)

1569~1618. 조선 중기의 문신이자 학자로, 자는 단보(端甫), 호는 교산(蛟山) · 학산(鶴山) · 성소(惺所) · 백월거사(白月居士), 본관은 양천(陽川)이다. 1594년(선조27) 문과에 급제하고 벼슬이 좌참찬에 이르렀으나, 1618년(광해군10) 남대문 격서 사건에 연루되어 반역을 도모한 죄로 죽임을 당하였다. 예학(禮學)에 얽매인 주자학(朱子學)의 풍토를 비판하였으며, 불교에 심취하고 도교에도 깊은 관심을 지니는 등 자유분방한 삶을 살아 당대에 이단이라 비난을 받았다. 문집으로 『성소부부고(惺所覆瓿稿)』가 있으며 그 밖의 저술로 『한정록(閑情錄)』, 『학산초담(鶴山樵談)』 등이 있다.

● 「망처숙부인김씨행장(亡妻淑夫人金氏行狀)」

허균(許筠)이 죽은 아내인 숙부인(淑夫人) 김씨(金氏)를 위해 지은 행장(行狀)이다. 허균의 아내 김씨는 15세에 허균에게 시집가서 22세가 되던 해인 1592년(선조25)에 별세하였다. 행장은 죽은 사람의 성명, 자호(字號), 생몰년, 자손, 일생 등을 서술하는 글이다. 훗날 죽은 이에 대한 전기(傳記), 비지(碑誌) 등이나 역사 기록을 저술하는 자료로 제공하려는 목적을 지닌다.

더 읽어보기

한문의 문체 중에는 죽은 사람을 애도하기 위한 글들이 많고, 실제로 옛 문집을 보면 애도하는 글들이 문집 전체에서 큰 비중을 차지하고 있다. 이는 유교에서 중시하는 관혼상제(冠婚喪祭) 중 상례(喪禮)나 제례(祭禮)와도 밀접한 연관이 있는데, 이 의례(儀禮)의 과정에서 다양한 글들이 실제로 필요하기 때문이다. 예컨대 제사를 지낼 때에는 죽은 이를 위한 제문(祭文) · 축문(祝文)이 지어졌고, 상여를 장지로 운반할 때에는 만사(輓詞)가 지어졌으며, 무덤에 함께 묻는 글로 묘지명(墓誌銘)이, 또 묘비에 새기는 글로 묘비명(墓碑銘)이 지어졌다. 그리고 이러한 글들을 짓기 위한 자료로서 행장(行狀)이 지어지기도 하였다. 따라서 이러한 문체로 지어진 글들은 그 자체가 의례의 한 과정이기도 하였고, 한편으로는 남겨진 이의 슬픔을 예(禮)에 맞게 표출하는 통로가 되기도 하였다.

유교문화 내에서 사대부 남성이 아내를 대상으로 글을 짓는 일은 극히 드물었지만, 죽은 아내를 애도하며 글을 짓는 일은 비교적 일반적으로 행해졌다. 죽은 아내를 애도하며 지은 시(詩)인 도망시(悼亡詩)나, 죽은 아내를 위해 지은 제문(祭文)인 제망실문(祭亡室文) 등이 그 대표적인 예이다. 사대부 남성들은 이와 같은 관습화된 장르의 글쓰기를 통해 아내를 잃은 슬픔을 표출할 수 있었다. 한편 이런 글에서는 흔히 아내에 대한 묘사와 칭양을 볼 수 있는데, 이를 통해서 유교사회의 이상적인 여성상을 살펴볼 수 있다.

제6장 열녀도(烈女圖)와 피동표현

宋氏, 咸陽郡人, 驛丞鄭寅妻也. 洪武中有倭寇, 宋被掠, 賊欲汚之, 誓死不從, **遂見害**. 旌閭.

- 『東國新續三綱行實圖』「烈女 宋氏見害」

朴氏, 咸平縣人, 學生徐中元妻也. **夫爲虎所噬**, 搏虎救夫, **亦傷於虎**, 乃死. 旌閭.

- 같은 책, 「烈女 朴氏搏虎」

黃氏, 尙州人, 博士姜雪之妻也. 有孝行, 夫疾篤, 謂黃氏曰: "吾死, 務從寬抑撫養兒." 黃氏泣曰: "男爲君死, 女爲夫死, 吾當偕逝." 及歿, 晝夜號慟, 口不絶聲, 屢絶而甦. 父兄慰諭勸其糜飮, 則曰: "我天地間一罪人也. 許人以死, 何以生爲?" 遂絶粒三十日而死. 今上朝旌門.

- 같은 책, 「烈女 黃氏絶粒」

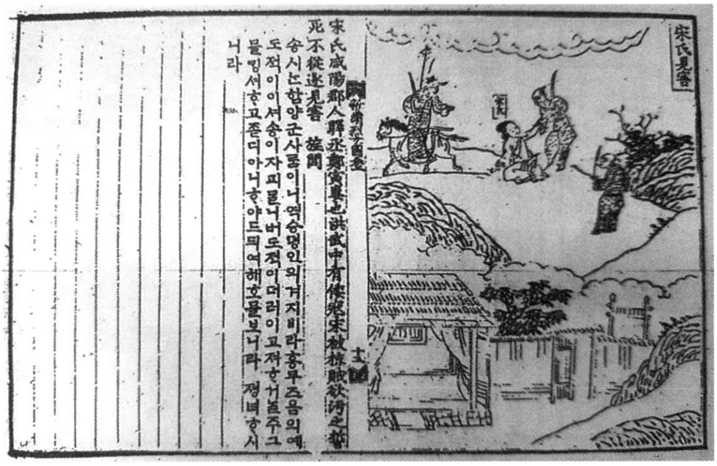

烈女 宋氏見害

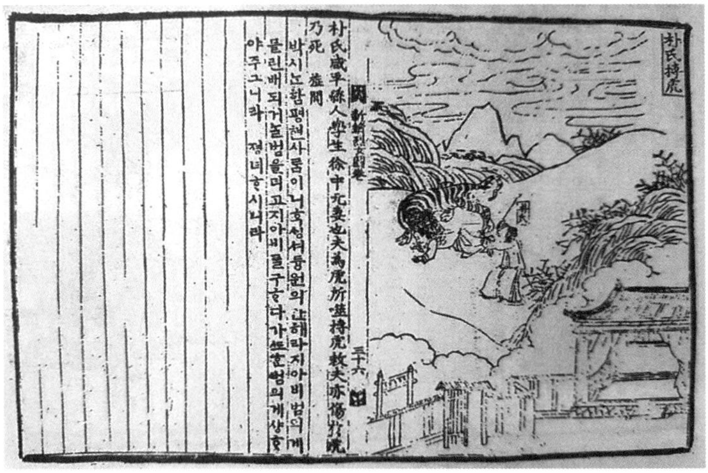

烈女 朴氏搏虎

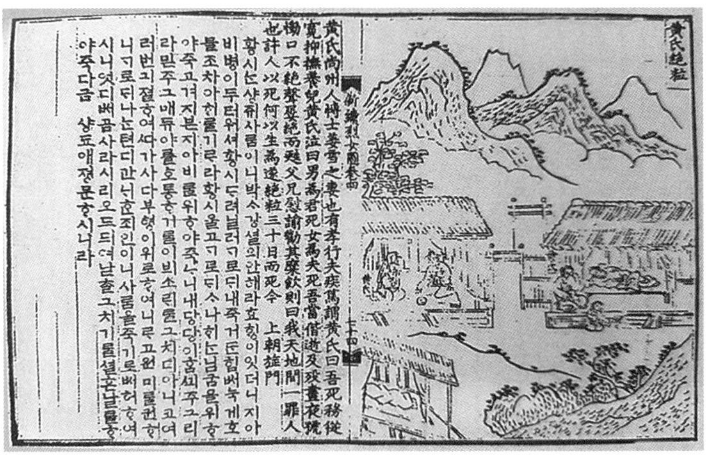

烈女 黃氏絶粒

한자의 뜻과 음

丞 벼슬이름 (승)	旌 기 (정)	篤 위독하다 (독)	慟 애통해하다 (통)
鄭 성씨 (정)	閭 마을 (려)	寬 너그럽다 (관)	甦 소생하다 (소)
寅 범 (인)	縣 고을 (현)	抑 억누르다 (억)	諭 타이르다 (유)
倭 왜나라 (왜)	徐 성씨 (서)	撫 어루만지다 (무)	糜 죽 (미)
寇 외적, 침입하다 (구)	噬 물다 (서)	泣 울다 (읍)	粒 낟알 (립)
被 당하다 (피)	搏 치다 (박)	偕 함께 (해)	
掠 노략질하다 (략)	乃 이에 (내)	逝 떠나다 (서)	
汚 더럽히다 (오)	姜 성씨 (강)	歿 죽다 (몰)	

단어 주석

1) 驛丞(역승)

조선시대에 역을 관리하던 찰방으로, 외관직 종9품의 벼슬을 말한다.

2) 洪武(홍무)

중국 명(明)나라 태조(太祖) 때의 연호로, 1368년부터 1398년까지 사용되었다.

3) 博士(박사)

조선시대에 교서관 · 홍문관 · 성균관 · 승문원에 두었던 정7품의 벼슬을 말한다.

본문의 문법표현

1) 賊欲汚之

'之'는 대명사로 쓰였다.

2) 乃死

'乃'는 '이에', '곧'이라는 뜻을 지닌다.

3) 務從寬抑撫養兒

'從'은 '(~쪽을) 따르다'라는 뜻으로, '務從'은 '(~쪽을) 따르도록 힘쓰다'라는 의미이다. 자연스럽게 해석하자면 '되도록 ~하려고 힘쓰다' 정도의 뜻이다.

- **願言爲事務從簡, 勿使一毫加諸民.**

  원하건대 일을 함에 되도록 간소하게 하도록 힘써서, 한 털끝만큼이라도 백성에게 부담이 가게 하지 말지어다. [전녹생(田祿生), 『동문선(東文選)』]

4) 男爲君死, 女爲夫死

'爲'는 '~을 위하여'라는 뜻으로 쓰였다.

5) 何以生爲

이 문장은 의문사인 '何'가 문두에 배치되어 도치가 일어난 형태로, '살아서 무엇 하겠는가'라는 뜻이다.

피동표현

주체가 다른 대상에 의해 어떤 일을 당하는 것을 나타내는 표현이다.

1) 피동의 표현으로 만들어주는 보조사인 '被', '見', '爲…所(둘 중 하나만 쓰여도 가능)' 등을 사용하며, '~되다', '당하다'라는 의미를 지닌다. '爲…所~'의 경우에는 '…에 의해 ~되다(당하다)'라는 뜻으로 해석된다.

- 洪武中有倭寇, 宋被掠, 賊欲汚之, 誓死不從, 遂見害. [본문]
- 夫爲虎所噬. [본문]
- 聞遼陽被陷, 憤慨而作.
  요양이 함락되었다는 소식을 듣고 분개하여 짓다. [이수광(李睟光), 『지봉집(芝峯集)』]
- 大臣居廊廟之上, 雖尋常論議之間, 爲人所輕, 不見信用, 則幾微之際, 所當先審.
  대신이 낭묘에 있을 때에는 심상한 논의를 하는 중일지라도 남에게 경시받고 신용되지 못하는 법이니, 기미의 사이를 마땅히 먼저 살펴야 합니다. [오윤겸(吳允謙), 『추탄집(楸灘集)』]

2) 전치사 '於', '乎'를 넣어 피동표현이 만들어지기도 한다. '~에게', '~에 의해'라는 의미를 지닌다.

- 搏虎救夫, 亦傷於虎, 乃死. [본문]
- 居上而治人者, 名之曰君子, 在下而治於人者, 名之曰小人.
  윗자리에 있으면서 남을 다스리는 자를 군자라고 명명하고, 아랫자리에 있으면서 남에게 다스려지는 자를 소인이라고 명명한다. [조익(趙翼), 『포저집(浦渚集)』]

3) 문맥상 피동으로 해석해야 하는 경우도 있다.

- 法之不行, 必自上始.
  법이 실행되지 않는 것은 반드시 위로부터 비롯한다. [김세렴(金世濂), 『해사록(海槎錄)』]

저자와 저술 소개

● 『동국신속삼강행실도(東國新續三綱行實圖)』

1617년(광해군9) 왕명에 따라 홍문관 부제학 이성(李惺) 등이 편찬한 책으로, 충신(忠臣)·효자(孝子)·열녀(烈女)의 사실을 수록하였다. 이는 조선 초기에 간행된 『삼강행실도(三綱行實圖)』, 『속삼강행실도(續三綱行實圖)』의 속편으로서, 임진왜란 이후에 정표(旌表)를 받은 충신, 효자, 열녀 등을 중심으로 해서 편찬되었던 『신속삼강행실도(新續三綱行實圖)』를 토대로 하고, 그 밖의 자료들 가운데 취사선택하여 1,000여 사람의 간략한 전기(傳記)를 만들어 수록한 것이다. 선대의 예에 따라서 각각의 전기마다 1장의 도화(圖畫)를 붙이고 한문으로 된 기록 뒤에 국문으로 해석한 언해를 붙였다.

더 읽어보기

열녀(烈女)는 남편에 대해 정절을 지킨 여자를 일컫는 말이다. 기본적으로 이는 유교에서 부부 간의 관계에 있어 남편에 대한 아내의 순종과 수절이 중시되었던 데서 비롯된 개념으로, 유교적 여성관을 대변하는 표현이라고도 할 수 있다. 조선시대에는 효자(孝子), 충신(忠臣)과 더불어 열녀에게 정표(旌表)를 내리는 정책이 시행되었고, 또 조정에서 여자들을 위하여 한글로 풀이된 『삼강행실열녀도(三綱行實烈女圖)』 등의 책을 간행하여서 유교적 여성상을 장려하였다.

무실(務實) 정려각

남편에 대한 정절을 지켜 '열녀'가 되는 구체적인 방법은 매우 다양하다. 남편이 죽은 뒤 재가하지 않고 수절(守節)하는 경우도 있을 수 있고, 정절을 빼앗길 위기에 처했을 때에 스스로 목숨을 끊음으로써 절개를 지킨 경우도 있을 수 있으며, 심지어는 죽은 남편을 따라서 목숨을 버리는 경우도 있을 수 있다. 그런데 유교관념이 강화되고, 또 임진왜란과 병자호란에 사회적 혼란이 심해지면서, 열녀에 대한 이념이 더욱 강화되고 그 기준은 더욱 엄격해지게 되었다. 그리하여 조선후기에 이르면 단순히 수절을 하며 여생을 마친 열녀보다는 스스로 목숨을 버려서 순절(殉節)한 극단적인 열녀의 사례가 훨씬 많아지며, 이러한 열녀 이데올로기는 사대부 가문의 여성에서부터 평민, 천민 출신의 여성에게까지 퍼져나갔다. 이러한 극단적인 열녀 이념이 지닌 비인간적인 면과 허구성은 조선후기 당대에 비판을 받기도 하였다.

제7장 전쟁의 기록과 부정표현

《詩》曰: “予其懲而毖後患.” 此《懲毖錄》所以作也. 若余者, **以無似**, 受國重任於流離板蕩之際, **危不持顚不扶**, **罪死無赦**. 尙視息田畝間, 苟延性命, **豈非寬典**? 憂悸稍定, 每念前日事, **未嘗不惶愧靡容**. 乃於閑中, 粗述其耳目所逮者, 自壬辰至戊戌, 總若干言, 因以狀啓、疏箚、文移及雜錄, 附其後. **雖無可觀者**, 亦皆當日事迹, **故不能去**.

– 柳成龍, 『懲毖錄』「懲毖錄序」

追至南海界, 舜臣親犯矢石力戰, 有飛丸中其胸出背後, 左右扶入帳中. 舜臣曰: “戰方急, 愼勿言我死.” 言訖而絕. …… 我軍與唐軍, 聞舜臣死, 連營慟哭, 如哭私親. 柩行所至, 人民處處設祭, 挽車而哭曰: “公實生我, 今公棄我何之?” 道路壅塞, **車不得進**, 行路之人, **無不揮涕**.

– 같은 책, 본문

한자의 뜻과 음

懲 징계하다 (징)	赦 용서하다 (사)	靡 없다, 아니다 (미)	丸 탄알 (환)
毖 삼가다 (비)	尙 오히려 (상)	粗 대략 (조)	訖 마치다 (흘)
若 같다 (약)	畝 이랑 (묘)	述 서술하다 (술)	柩 널 (구)
似 닮다 (사)	悸 두려워하다 (계)	逮 미치다 (체)	挽 당기다 (만)
蕩 방탕하다 (탕)	稍 점차, 약간 (초)	箚 차자 (차)	壅 막히다 (옹)
顚 뒤집어지다 (전)	嘗 일찍이 (상)	附 붙이다 (부)	涕 눈물 (체)
扶 붙들다 (부)	惶 두려워하다 (황)	迹 자취 (적)	

단어 주석

1) 板蕩(판탕)

판(板)과 탕(蕩)은 본래 모두 『시경(詩經)』 「대아(大雅)」의 편명(篇名)으로, 정국이 혼란해지고 사회가 동란(動亂)을 맞게 된 상황을 내용으로 하고 있다. 여기에서는 임진왜란의 혼란한 상황을 가리킨다.

2) 壬辰(임진)

임진왜란이 발발한 1592년(선조25)을 말한다.

3) 戊戌(무술)

임진왜란이 끝난 1598년(선조31)을 말한다.

4) 狀啓(장계)

지방의 관원이나 사신(使臣) 등이 왕에 보고하거나 청하는 형식으로 올리는 문서를 말한다.

5) 疏箚(소차)

상소(上疏)와 차자(箚子)로, 차자는 간략하게 적어 올린 상소문을 말한다.

6) 文移(문이)

관아 사이에 보내는 공문서를 말한다.

본문의 문법표현

1) 此懲毖錄所以作也.

'所以'는 까닭, 이유를 나타낸다.

2) 若余者

'若'은 '~와 같다'라는 뜻으로, '者'와 함께 '~와 같은 사람'이라는 의미를 나타낸다.

3) 以無似

'以'는 '~로서'라는 뜻으로, 자격을 나타낸다.

4) 危不持顚不扶

'危'와 '顚'은 본래 '不持'와 '不扶'의 목적어인데, 도치되어서 앞으로 나온 것이다.

5) 尙視息田畝間

'尙'는 '오히려'라는 의미를 지니며, 비슷한 의미를 지닌 한자어로 '猶'이 있다.

6) 未嘗不惶愧靡容

'嘗'은 '~한 적이 있다'라는 의미로, 앞뒤로 부정어 '未'와 '不' 놓여서 이중부정이 되어, '~하지 않은 적이 없다'라는 뜻을 지닌다.

7) 自壬辰至戊戌

'自…至~'는 '…로부터 ~까지'라는 의미이다.

8) 因以狀啓、疏箚、文移及雜錄

'及'은 '~와(과)'라는 의미를 지니며, 앞뒤의 한자어를 병렬로 이어주는 접속사이다.

9) 愼勿言我死

'愼'은 금지어 '勿', '莫', '無' 등의 앞에 놓여서 경계하는 뜻을 나타낸다. '부디', '꼭'과 같은 의미를 지닌다.

- 愼莫戀功名.

  부디 공명에 연연하지 말지어다. [김수항(金壽恒), 『문곡집(文谷集)』]

10) 如哭私親

'如'는 '마치 ~와 같다'라는 의미로, 비유를 나타낸다.

11) 今公棄我何之

'之'는 '가다'라는 의미를 지닌 동사로 쓰였다.

부정표현

(1) 단순부정

부정을 나타내는 '不', '未', '弗', '非', '莫' 등의 글자를 사용한다.(본문의 예는 생략함)

- **太上未病而治, 其次治病而得其理.**
  가장 훌륭한 것은 병이 나기 전에 잘 다스리는 것이요, 그 다음은 병을 치료하면서 올바른 이치대로 하는 것이다. [장유(張維), 『계곡집(谿谷集)』]

(2) 부분부정

정도나 한정을 나타내는 부사어 앞에 부정어를 써서, 부분적으로 부정하는 표현이다.

- **華大者, 未必有其實.**
  꽃이 크다고 해서 반드시 그 열매가 맺히는 것은 아니다.
  [박지원(朴趾源), 『연암집(燕巖集)』]

- **善視者未盡善聽矣, 善言者未盡善動.**
  잘 보는 사람이 다 잘 듣는 것은 아니고, 말을 잘하는 사람이 행동을 다 잘하는 것도 아니다.
  [최한기(崔漢綺), 『기측체의(氣測體義)』]

(3) 이중부정

부정어를 두 번 사용함으로써, 부정한 것을 다시 부정하여 강한 긍정을 나타내는 표현이다.

- **憂悸稍定, 每念前日事, 未嘗不惶愧靡容.** [본문]

- **行路之人, 無不揮涕.** [본문]

- **與人交有信義, 尤篤於朋友, 以故從其游者, 莫不誠心愛慕.**
  사람들과 교유하는 데에 있어서는 신의가 있었고 특히 벗들과의 관계가 돈독하였으므로 종유한 사람들 중에 진심으로 사랑하지 않는 이가 없었다. [김창협(金昌協), 『농암집(農巖集)』]

저자와 저술 소개

● 유성룡(柳成龍)

1542~1607. 조선 중기의 문신으로, 자는 이현(而見), 호는 서애(西厓), 본관은 풍산(豊山)이다. 1566년(명종21) 문과에 급제한 후에 중앙과 지방에서 여러 관직을 역임하였고, 1592년(선조25) 임진왜란이 발발하자 병조 판서 · 도체찰사 · 영의정 등 요직에 임명되어 전쟁 수행을 지휘하였다. 1598년 북인(北人)의 공격으로 삭탈관직 되어서 낙향하였다가, 1602년에 공신(功臣)으로 책록되어 명예를 회복하였다. 문집으로 『서애집(西厓集)』이 있다.

● 『징비록(懲毖錄)』

유성룡(柳成龍)이 임진왜란 동안에 경험한 사실을 기록한 책으로, 1592년(선조25)에서 1598년(선조31)까지 7년간의 기사를 담고 있다. 저자가 임진왜란이 끝난 뒤에 벼슬에서 물러나 있을 때에 저술한 것이다.

더 읽어보기

『징비록(懲毖錄)』은 임진왜란의 전쟁 기간 동안 높은 관직을 거치면서 국정을 총괄했던 유성룡(柳成龍)의 저작이다. 이 책에서 저자는 전쟁 중에 있었던 구체적 사실들을 자세하게 기록하였을 뿐 아니라 거시적인 안목으로 전쟁의 전체적인 전개 과정을 조망하였기 때문에, 임진왜란에 대한 대표적인 저술 중에 하나로 평가된다. 이 책은 유성룡 사후에 출판되면서 일본으로도 유입되어 널리 읽히게 된다. 이 때문에 일본에 파견되었던 통신사(通信使) 일행이 이 사실을 발견하고서, 정부에서 이 책의 유출을 금지한 일도 있었다. 이 책의 내용 중에 조선과 명(明)의 외교관계 및 국가내부의 기밀에 관련된 부분들이 많았기 때문이다. 그러나 이 책은 17세기 후반에 『조선징비록(朝鮮懲毖錄)』이라는 제목으로 일본에서 다시 간행될 정도로 인기가 있었으며, 이후 중국에도 알려졌다.

저자인 유성룡은 비록 서술에 있어서 객관적인 태도를 유지하고자 하였으나, 임진왜란에서 실제로 큰 역할을 맡았던 한 개인의 저술이니만큼, 중립적이지 못한 서술 태도나 일부 내용의 진실성에 대한 비판도 있어 왔다. 이를테면 그가 이 글을 통해서 자신의 업적을 은연중에 강조하거나 미화하기도 하였다는 것인데, 명장(名將) 이순신(李舜臣)의 업적을 두드러지게 묘사한 점이 그 대표적인 예로 꼽힌다. 이순신은 유성룡이 반대를 무릅쓰고 애써 천거한 무관이었으므로, 이순신의 활약이 전쟁을 종결시키는 데 있어서 결정적인 역할을 하였음을 극적으로 보여줌으로써 사실상 그를 천거한 저자 자신의 공로를 강조하려는 의도가 읽힌다는 것이다. 그럼에도 불구하고 한 개인의 관점으로 임진왜란에 대한 총체적인 기록을 남겼다는 점에서 이 책은 여전히 큰 의의가 있다.

제8장 조선왕조실록(朝鮮王朝實錄)과 가능/당위표현

上下釋位之教, 尋命還寢.

時上詣肅廟眞殿門外, 鋪一席於南廡下, 北向露伏. 大雨方注, 上在泥濘中, 御衣盡濕. 命都承旨申晚入侍, 晚趨而入. 上方俯伏流涕, 晚號泣而進曰: "殿下何忍爲此擧也?" 上曰: "予不能**調劑時象**, 方欲辭退於聖考, 決意釋負, 屬之元良矣." 申晚號泣不已曰: "急召大臣來也." 諸臣一時趨入, 擁衛齊聲曰: "此何事也? 願安坐而下教." 上不應. 諸臣同聲曰: "此皆臣等之罪, 請伏嚴誅." 已而東朝下手札于上曰: "三宗血脈何在, 而恃有六歲元良, 乃爲此擧乎?" 上起而復跪擎覽訖, 對曰: "六歲元良, 豈不知付托之至艱, 而顧念世道末如之何, 決意拜辭聖考, 靜處深宮, 而慈教及此, 敢不奉承?" 仍命還收釋負之命.

-『英祖實錄』英祖 16年(1740) 5月 25日에서 발췌하여 편집함

한자의 뜻과 음

釋 내놓다 (석)	廡 복도 (무)	屬 맡기다 (촉)	擎 받들다 (경)
尋 이윽고 (심)	濘 진창 (녕)	擁 호위하다 (옹)	訖 마치다 (흘)
詣 이르다 (예)	趨 달려가다 (추)	誅 형벌 (주)	艱 어렵다 (간)
廟 사당 (묘)	俯 구부리다 (부)	札 편지 (찰)	
鋪 펴다 (포)	劑 조절하다 (제)	跪 꿇어앉다 (궤)	

단어 주석

1) 都承旨(도승지)

조선시대에 왕명을 출납하던 관청인 승정원(承政院)에 소속된 6명의 승지 가운데 수석 승지를 말한다.

2) 東朝(동조)

태후나 대비를 이르는 말로, 여기에서는 당시의 대왕대비였던 인원 왕후(仁元王后)를 가리킨다.

3) 三宗血脈(삼종혈맥)

효종(孝宗) · 현종(顯宗) · 숙종(肅宗)으로 이어진 혈맥을 말한다.

본문의 문법표현

1) 時上詣肅廟眞殿門外

'時'는 '당시에', '이 때에'라는 의미를 지닌다.

2) 殿下何忍爲此擧也

'何忍'은 '어찌 차마 ~하는가?'라는 뜻으로, 의문사 '何'는 뒤의 의문을 나타내는 종결사 '也'와 호응한다.

3) 屬之元良矣

여기에서 '之'는 '之於'의 생략된 형태라고 할 수 있는데, '之'는 대명사, '於'는 '~에게'라는 뜻으로 해석된다. 즉, 이 구절을 직역하면 '그것을 元良에게 屬하다.'라는 의미가 된다.

4) 願安坐而下敎

'願'은 희망을 나타내며, '원하건대' 혹은 '부디'라는 의미를 지닌다.

5) 請伏嚴誅

'請'은 청유를 나타내며, '청하건대'라는 의미를 지닌다.

6) 已而東朝下手札于上曰

'已而'는 시간의 흐름을 나타내며, '이윽고'라는 뜻을 지닌다.

7) 豈不知付托之至艱

'之'는 주어의 뒤, 서술어의 앞에 쓰여서 앞의 내용이 주어임을 표시해주는 역할을 한다.

8) 而顧念世道末如之何

'如之何'는 '어찌하다'라는 의미로, 앞에 부정어 '末'이 놓이면 '어찌할 수 없다'라고 해석된다. 같은 표현으로 '無如之何'가 있다.

- **其不可以學而傳、言而喩者, 雖有師, 無如之何, 在吾自得耳.**

  그 배워서 전하고 말로써 비유할 수 없는 것은 비록 스승이 있더라도 어찌할 수 없으니, 다만 나의 자득에 달렸을 뿐이다. [권근(權近), 『동문선(東文選)』]

9) 敢不奉承

'敢不'은 문두에 쓰여서 '감히 ~하지 않겠습니까?'라는 뜻을 지닌다. 반어 의문의 표현이다.

가능/당위표현

(1) 가능

'能', '可', '得', '可以', '足以', '得以' 등 가능을 나타내는 보조사를 서술어 앞에 놓아 표현하며, '~할 수 있다'라는 뜻을 지닌다.

- **予不能調劑時象, 方欲辭退於聖考, 決意釋負, 屬之元良矣.** [본문]
- **孝爲百行之源也. 人得養生喪葬之宜, 以盡事親之道, 然後可謂孝也.**
  효도는 온갖 행실의 근원이다. 사람으로서 어버이가 살아계실 때에는 봉양을 잘 하고 죽으면 장사를 잘 지내서 어버이 섬기는 도를 다한 뒤에야 효도라 할 수 있다. [이첨(李詹), 『동문선(東文選)』]
- **玉不琢, 則不足以成美器; 人不學, 則不可以成賢才.**
  옥(玉)이 다듬어지지 않으면 아름다운 그릇이 될 수 없고, 사람이 배우지 않으면 어진 인재가 될 수 없다. [이상정(李象靖), 『대산집(大山集)』]

(2) 당위

'可', '須', '當', '宜', '必', '應' 등 당위를 나타내는 보조사를 서술어 앞에 놓아 표현하며, '~해야 한다'라는 뜻을 지닌다.

- **當正身心, 表裏如一.**
  마땅히 몸과 마음을 바르게 하여 겉과 속을 한결같이 해야 한다.
  [이이(李珥), 『격몽요결(擊蒙要訣)』]
- **學要勤, 且須成誦不可放過.**
  학문을 하는 데는 모름지기 부지런해야 하고 또 반드시 외워야 하며 슬쩍 지나쳐버려서는 안 된다.
  [기대승(奇大升), 『고봉집(高峯集)』]
- **人必忘於大, 然後可以觀於大.**
  사람은 반드시 상대가 크다는 생각을 잊어야 큰 것을 제대로 살펴볼 수 있다.
  [장유(張維), 『계곡집(谿谷集)』]
- **人非生知, 宜待敎也.**
  사람은 나면서부터 아는 자가 아니라면 가르침을 받아야만 한다.
  [전우(田愚), 『간재집(艮齋集)』]

저자와 저술 소개

● 『조선왕조실록(朝鮮王朝實錄)』

조선(朝鮮)의 태조(太祖)부터 철종(哲宗)에 이르기까지 25대 472년간의 역사를 연 · 월 · 일 순서에 따라 편년체(編年體)로 기록한 책으로, 총 1,893권 888책에 달한다. 이는 일시에 편찬된 것이 아니라, 왕이 서거하고 난 뒤에 그 왕의 재위 기간 동안의 역사를 정리하여 간행하고 이를 축적하여 만들어진 것이다. 본문에서 발췌한 『영조실록(英祖實錄)』은 조선의 제21대 왕인 영조 때의 역사를 저술한 것으로, 영조가 즉위한 1724년 8월부터 서거한 1776년 3월까지 51년 8개월간의 국정 전반에 관한 역사를 다루고 있다.

더 읽어보기

『조선왕조실록(朝鮮王朝實錄)』은 1997년 훈민정음과 함께 가장 먼저 유네스코 문화유산에 등재되었을 정도로 그 가치를 인정받고 있는 조선왕조의 역사기록물이다. 여기에는 조선왕조의 태조(太祖)로부터 철종(哲宗)에 이르기까지의 역사가 담겨있다. 다만 『고종황제실록』과 『순종황제실록』의 경우에는 일제 강점기에 만들어진 기록이라 하여 『조선왕조실록』으로 인정받지 못하였다. 실록(實錄)의 편찬은 보통 왕이 서거하고 나면 실록청(實錄廳)을 세워서 그 왕의 재위 기간 동안의 역사를 정리하여 간행하는 것이 일반적이었다. 실록을 편찬하기 위한 밑바탕으로서 춘추관(春秋館)의 시정기(時政記)나 사관(史官)들이 작성한 사초(史草)를 비롯하여 『승정원일기(承政院日記)』와 같은 각 관청의 기록물, 개인의 문집 등 방대한 자료들이 활용되었다.

이렇게 완성된 실록은 따로 사고(史庫)에 보관되었는데, 역사기록의 공정성을 위하여 왕이라 하더라도 함부로 이를 열람할 수가 없었다. 조선 전기에는 실록을 편찬할 때 총 4부를 간행하여 한양의 춘추관과 충주, 전주, 성주에 1부씩 보관하여 일실되는 것을 방지하였는데, 임진왜란에 전주에 보관되었던 실록을 제외하고 모두 불에 타서 없어지고 말았다. 이 때문에 전쟁이 끝난 후에 이전까지의 실록을 모두 다시 간행하여서, 정족산 · 태백산 · 묘향산 · 오대산과 같은 산속 깊은 곳으로 장소를 바꾸어 보관하였다.

조선왕조실록 오대산사고본

제9장 사행(使行)의 기록과 비교/비유표현

裨將李基成爲買遠視鏡, 往琉璃廠, 遇二人, 容貌端麗, 有文人氣, 而皆戴眼鏡, 蓋亦病於近視者. 乃請曰: "我有親識求眼鏡, 而市上難得眞品. 足下所戴, 甚合病眼, 幸賣與我. 足下則或有副件, 雖求之, 亦當不難矣." 其一人解而與之曰: "求於君者, 想是與我同病者也. 吾何愛一鏡? 何用言賣?" 乃拂衣而去. 基成悔其輕發, 不可公然取人物. 乃以鏡追還之曰: "前言戲耳. 初無求之者, 無用之物, 不可受也." 兩人皆不悅曰: "此微物耳. 且同病有相憐之義, 何君之瑣瑣如是?" 基成慚不敢復言, 略問其來歷, 則以爲"浙江擧人, 爲赴試來, 方僦居正陽門外乾淨衕"云. …… 力闇曰: "此後相見何時?" 余曰: "**終當一別, 不如初不相逢.**" 蘭公以筆打圈于"不如初不相逢"六字, 而凄然有感, 力闇亦慘然. 是時, 上下傍觀, 莫不驚感動色. 或以爲心弱, 或以爲多情, 或以爲慷慨有心之士.

– 洪大容, 『湛軒書』「乾淨衕筆談」

한자의 뜻과 음

裨 돕다 (비)	**憐** 불쌍히 여기다 (련)	**乾** 마르다 (간)	**凄** 서글프다 (처)
琉 유리 (류)	**瑣** 자질구레하다 (쇄)	**淨** 깨끗하다 (정)	**慘** 참담하다 (참)
璃 유리 (리)	**慚** 부끄러워하다 (참)	**衕** 거리 (동)	**慷** 강개하다 (강)
廠 공장 (창)	**浙** 강 이름 (절)	**闇** 숨다 (암)	
戴 이다, 끼다 (대)	**僦** 세내다 (추)	**圈** 동그라미 (권)	

단어 주석

1) 裨將(비장)

조선시대에 사신(使臣)을 수행하며 업무를 돕던 무관을 말한다.

2) 琉璃廠(유리창)

북경(北京)의 남쪽에 있는 지명으로, 명(明) 나라 때부터 서적과 골동품을 취급하는 상점이 집중되어 있었다. 그릇을 만드는 공장이 있었기에 이렇게 부른 것이다.

3) 力闇(역암)

엄성(嚴誠)의 자(字)이다.

4) 蘭公(난공)

반정균(潘庭筠)의 자(字)이다.

본문의 문법표현

1) 裨將李基成爲買遠視鏡

'爲'는 '~하기 위해서'라는 의미로, 목적을 나타낸다.

2) 我有親識求眼鏡

'求眼鏡'은 앞의 '親識'을 꾸며주는 말로, 후치수식에 해당된다.

3) 足下所戴

'所'는 '~한 것', '~한 바'라는 의미로, 의존명사와 같은 역할을 한다.

4) 幸賣與我

'幸'은 희망을 나타내며, '부디' 혹은 '~하면 다행이겠습니다'라는 뜻을 지닌다.

5) 何用言賣

'何用'은 '어찌하여 ~하는가' 혹은 '어찌 ~할 것이 있겠는가'라는 뜻으로, '~할 필요가 없다'라는 의미를 지닌다.

- **平心一覽, 自然明白, 何用多言?**

  마음을 평온히 하여 일람하면 자연히 명백해질 것이니, 어찌 많이 말할 것이 있겠는가.
  [정약용(丁若鏞), 『여유당전서(與猶堂全書)』]

6) 前言戲耳

'耳'는 '~일 뿐이다'라는 뜻으로, 한정을 나타내는 표현이다.

7) 則以爲"浙江擧人, 爲赴試來, 方僦居正陽門外乾淨衕"云.

'以爲'는 '~라고 하다'라는 뜻으로 '謂'와 같은 의미를 지니며, '云'은 인용 마지막에 쓰여 '~라고 하였다'라는 의미를 지닌다.

8) 莫不驚感動色

'莫不'은 '~하지 않음이 없다'라는 뜻으로, 이중부정의 표현이다.

9) 或以爲心弱, 或以爲多情, 或以爲慷慨有心之士.

'以爲'는 '~라고 하다', '~라고 여기다'라는 뜻으로, '謂'와 같은 의미를 지닌다.

- **此獨君之意耶? 抑諸公皆以爲然耶?**

  이는 단지 그대만의 뜻입니까? 아니면 제공들이 모두 그렇다고 여기는 것입니까?

  [이황(李滉), 『퇴계집(退溪集)』]

비교/비유표현

(1) 대등 비교/비유

두 대상을 대등하게 비교하거나 비유적으로 표현할 때에, '若', '如', '猶' 등의 한자어를 사용하며, '(앞의 대상과 뒤의 대상이) 같다'라는 의미를 지닌다.

- **上善若水, 水善利萬物而不爭, 處衆人之所惡.**
  최상의 선은 물과 같으니, 물은 만물을 잘 이롭게 해주면서도 다투지 않으며, 뭇사람들이 싫어하는 낮은 곳에 처한다. [『노자(老子)』]
- **讀書猶飮食也.**
  책을 읽는 것은 음식을 먹는 것과 같다. [신국빈(申國賓), 『태을암집(太乙菴集)』]
- **成立之難如登天, 失墜之易如燎毛.**
  일을 이루는 것은 하늘을 오르는 것처럼 어렵고, 일을 망치는 것은 터럭을 태우는 것처럼 쉽다. [이우(李堣), 『면암집(俛庵集)』]

(2) 우열에 대한 표현

1) '若', '如' 앞에 부정사를 붙여서 '不若', '不如' 등으로 표현하며, '(앞의 대상이 뒤의 대상만) 못하다' 혹은 '(앞의 대상보다 뒤의 대상이) 낫다'라는 의미를 지닌다.

- **終當一別, 不如初不相逢.** [본문]
- **無友不如己者, 過則勿憚改.**
  나보다 못한 자와 벗하지 말고, 잘못이 있으면 고치기를 꺼리지 말아야 한다. [『논어(論語)』]
- **言工無施, 不若無言.**
  말이 아무리 훌륭하여도 실행되지 않는다면 말을 하지 않은 것만 못하다. [이항복(李恒福), 『백사집(白沙集)』]

2) 비교를 나타내는 전치사 '於', '于', '乎' 등을 사용하며, '~보다'라는 의미를 지닌다.

- **苛政猛於虎.**
  가혹한 정사는 호랑이보다 무섭다. [『예기(禮記)』]

- **勝於我者, 仰而慕之, 與我同者, 愛而交相勸, 不及於我者, 憐而敎之, 天下當太平矣.**
  나보다 훌륭한 사람은 우러러 사모하고, 나와 동일한 사람은 아껴주어 교제하면서 서로 격려하고, 나만 못한 사람은 딱하게 여겨 가르쳐 준다면 천하가 태평하게 될 것이다.
  [이덕무(李德懋), 『청장관전서(靑莊館全書)』]

3) 선택비교를 나타낼 때에는, '與其…不如~'(…가 ~만 못하다), '與其…寧~'(…보다 차라리 ~가 낫다), '與其…無寧~'(…보다 차라리 ~가 낫지 않겠는가) 등의 표현이 많이 쓰인다.

- **禮與其奢也寧儉, 喪與其易也寧戚.**
  예를 행할 때에는 사치스럽게 하기보다는 차라리 검소하게 해야 하고, 상을 당했을 때에는 형식적으로 잘 치르기보다는 차라리 마음속으로 애통한 심정을 가져야 한다. [『논어(論語)』]
- **與其刱新而巧也, 無寧法古而陋也?**
  새로운 것을 창조하다가 교묘해지는 것보다는 차라리 옛 것을 본받다가 비루해지는 것이 낫지 않겠는가. [박지원(朴趾源), 『연암집(燕巖集)』]

(3) 최상에 대한 표현

비교한 결과 가장 좋다는 의미를 나타내는 대표적인 예로는, '莫若', '莫如'와 같이 '~만한 것이 없다'라는 의미를 지닌 표현이나, '莫…於~'와 같이 '~보다 …한 것은 없다'라는 의미를 지닌 표현 등이 있다.

- **惟誠身莫如親賢, 惟明理莫如講學.**
  몸을 성실하게 하는 것으로는 어진 사람을 친애하는 일만한 것이 없으며, 이치를 밝히는 것으로는 학문을 강론하는 일만한 것이 없다. [김수항(金壽恒), 『문곡집(文谷集)』]
- **富莫富於不欲, 强莫强於不爭.**
  부유함으로는 욕심 부리지 않는 것보다 더 부유한 것이 없고, 강함으로는 다투지 않는 것보다 더 강한 것이 없다. [이지함(李之菡), 『토정유고(土亭遺稿)』]

저자와 저술 소개

● 홍대용(洪大容)

1731~1783. 조선 후기의 문신이자 학자로, 자는 덕보(德保), 호는 담헌(湛軒), 본관은 남양(南陽)이다. 노론 학맥을 계승한 김원행(金元行)에게서 수학하였고, 과거 시험에 몇 번 실패하고 1774년(영조50) 음보(蔭補)로 벼슬을 하여 세손익위사 시직(世孫翊衛司侍直) · 태인 현감(泰仁縣監) · 영천 군수(榮川郡守) 등을 지냈다. 1765년 35세의 나이에, 서장관(書狀官)으로 청나라에 사행을 가게 된 숙부 홍억(洪檍)의 자제 군관(子弟軍官)이 되어 북경으로 가서 중국과 서양의 문물을 체험하고, 강남 출신의 중국 지식인 육비(陸飛) · 엄성(嚴誠) · 반정균(潘庭筠) 등과 교유하였다. 귀국한 뒤에 『연기(燕記)』를 저술하였는데, 중국과 세계를 보는 새로운 시각이 담겨있어 당대와 후대에 큰 영향을 끼쳤다. 수학, 과학, 음악에도 조예가 깊었다. 문집으로 『담헌서(湛軒書)』가 있다.

● 「간정동필담(乾淨衕筆談)」

홍대용(洪大容)이 1765~1766년에 북경에 체류하면서 중국의 지식인 육비(陸飛) · 엄성(嚴誠) · 반정균(潘庭筠)과 필담한 내용을 적은 글이다. 간정동(乾淨衕)은 북경(北京) 정양문(正陽門) 밖의 지명으로, 항주 출신인 엄성과 반정균이 과거 시험을 보기 위해 북경에 올라와 체류하고 있던 곳을 가리키는데, 홍대용이 주로 이곳에 방문하여 이들과 교유하였다. 또 전근대 동아시아의 식자층은 서로 언어는 달랐으나 한문이라는 공동문어를 사용하여 글로써 의사소통을 할 수 있었으므로, 제목에서 '필담'이라고 한 것이다. 홍대용의 이 필담집은 조선의 동료 문인들에게 큰 영향을 끼쳤는바, 이후 중국에 온 조선 지식인들도 종종 필담을 기록으로 남겼다.

더
읽어보기

연행도 제7폭 조양문(朝陽門)

조선은 사대교린(事大交隣)의 외교정책에 따라 명(明)나라에 해마다 사신(使臣)을 보냈다. 이 사절단을 흔히 '조천사(朝天使)'라고 부르는데, 천자(天子)를 조현(朝見)한다는 의미를 담은 말이다. 그러다가 명나라가 멸망하고 청(淸)나라가 들어서자, 청을 만주족이 세운 오랑캐의 나라로 여기며 적대시하고 명나라에 대한 의리를 끝까지 지켜야 한다는 의식이 팽배하게 되었다. 병자호란(丙子胡亂)을 겪고 인조(仁祖)가 결국 남한산성에서 내려와 청에 항복하면서 겉으로는 청나라와도 사대 관계를 맺었으나, 속으로는 이를 수치스럽게 여겼으므로 청나라에 보내는 사신에게는 조천사라는 말 대신 '연행사(燕行使)'라는 명칭을 붙였다. 이는 연경(燕京), 즉 북경에 가는 사신이라는 말로, 존중의 의미가 없이 객관적인 사실만을 전하고 있다.

그러나 시간이 흘러도 청나라가 건재한 와중에 조선과 청나라간의 외교 관계도 안정기에 접어들자, 숭명반청(崇明反淸) 사상에서 점차 벗어나 청나라를 새롭게 바라보는 시각이 생겨나기 시작하였다. 물론 현실적으로는 여전히 숭명반청 사상이 조선의 정치 이념으로 자리해 있었지만 말이다. 1765~6년에 연행을 갔던 홍대용(洪大容)의 기록 전반에서는 중화(中華)에 대한 인식의 전환이 드러난다. 그는 북경에 도착해서 천주당에 들러 파이프 오르간, 서양식 미술작품, 천체망원경과 같은 서양 문물을 접하였으며, 한편으로는 한족(漢族) 지식인들을 만나 청의 학술 동향에 대해 이야기를 나누었다. 이것은 그의 사상을 전환하게 되는 큰 계기가 되었다고 알려져 있다.

제10장 목민심서(牧民心書)와 억양표현

共十有二篇. 一曰赴任, 二曰律己, 三曰奉公, 四曰愛民, 次以六典, 十一曰賑荒, 十二曰解官. 十有二篇, 各攝六條, 共七十二條. 或以數條合之爲一卷, 或以一條分之爲數卷, 通共四十八卷以爲一部. 雖因時順俗, 不能上合乎先王之憲章, 然於牧民之事, 條例具矣. 高麗之季, 始以五事, 考課守令, 國朝因之, 後增爲七事, 所謂責其大指而已. **然牧之爲職, 靡所不典, 歷擧衆條, 猶懼不職, 矧冀其自考而自行哉?** 是書也, 首尾二篇之外, 其十篇所列, 尙爲六十, 誠有良牧, 思盡其職, 庶乎其不迷矣.

– 丁若鏞, 『牧民心書』「牧民心書序」

他官可求, 牧民之官, 不可求也.

夫家貧親老, 菽水難繼者, 其私情, 誠亦矜惻. 然天地公理, 有爲官擇人, 無爲人擇官, 爲一家之養, 求萬民之牧, 可乎? 爲人臣者, 乞征萬民, 以養我父母, 非理也; 爲人君者, 許征萬民, 以養爾父母, 非理也. 若有懷才抱道之人, 自揣其器, 可以牧民, 則上書自薦, 乞治一郡, 可也. 徒以家貧親老、菽水難繼爲辭, 而乞得一郡, 非理也.

– 같은 책, 「赴任 第一條 除拜」

한자의 뜻과 음

賑 구휼하다 (진)	**矧** 하물며 (신)	**矜** 불쌍히 여기다 (긍)	**揣** 헤아리다 (췌)
荒 흉년 (황)	**冀** 바라다 (기)	**惻** 슬퍼하다 (측)	
攝 가지다 (섭)	**庶** 거의 (서)	**征** 세금을 징수하다 (정)	
靡 없다 (미)	**菽** 콩 (숙)	**爾** 너 (이)	

단어 주석

1) 六典(육전)

육조(六曹)의 직무 규정으로, 이전(吏典) · 호전(戶典) · 예전(禮典) · 병전(兵典) · 형전(刑典) · 공전(工典)을 말한다.

2) 五事(오사)

수령이 힘써야 할 다섯 가지 일로, 전야를 넓힐 것[田野闢], 호구를 늘릴 것[戶口增], 부역을 고르게 할 것[賦役均], 송사를 간편하게 할 것[詞訟簡], 도적이 일어나지 않게 할 것[盜賊息] 등 다섯 가지 일이며, 도적이 일어나지 않게 할 것 대신에 학교를 일으킬 것[學校興]이 들어가기도 하였다. 이 다섯 가지로써 수령의 고과를 시행하였다.

3) 七事(칠사)

수령이 힘써야 할 일곱 가지 일로, 농상을 번성시킬 것[農桑興], 호구를 늘릴 것[戶口增], 학교를 일으킬 것[學校興], 군정을 정돈할 것[軍政修], 부역을 고르게 할 것[賦役均], 송사를 간편하게 할 것[詞訟簡], 간활을 없어지게 할 것[奸猾息] 등 일곱 가지 일이다.

본문의 문법표현

1) 或以數條合之爲一卷, 或以一條分之爲數卷.

'以…爲~'는 '…를 가지고 ~로 삼다(만들다)'라는 뜻이다.

2) 猶懼不職

'猶'는 '오히려'라는 의미를 지니며, 비슷한 의미를 지닌 한자어로 '尙'이 있다.

- **未有千里之近尙不能治而可平天下者也.**

  천 리의 가까운 지방도 오히려 능히 다스리지 못하면서 천하를 화평하게 할 수 있는 자는 없다.
  [박세당(朴世堂), 『사변록(思辨錄)』]

3) 所謂責其大指而已

'而已'는 '~일 뿐이다'라는 뜻으로 한정 표현에 해당된다.

4) 誠有良牧

'誠'은 '진실로'라는 뜻인데, 여기에서는 '진실로 ~한다면'이라는 가정을 나타내는 뜻으로 쓰였다.

5) 庶乎其不迷矣

'庶'는 '가깝다'라는 뜻으로, '庶乎(庶幾乎)~'는 '~에 가깝다' 즉, '거의 ~할 수 있다'라는 의미를 지닌다.

6) 有爲官擇人, 無爲人擇官

'爲'는 '~을(를) 위하여'라는 뜻이다.

7) 若有懷才抱道之人, 自揣其器, 可以牧民, 則上書自薦, 乞治一郡, 可也.

'若'은 '만약'이라는 뜻으로 가정을 나타내며, '則'과 호응한다.

8) 徒以家貧親老、菽水難繼爲辭

'以…爲~'는 '…를 가지고 ~로 삼다'라는 뜻이다.

억양표현

뜻을 강조하는 표현으로, '況', '安', '矧' 등의 부사어를 사용하며, '하물며 ~하겠는가'라는 의미를 지닌다. 이 때에 앞 구절에 '亦', '且', '猶'와 같은 한자어가 놓이는 경우가 많은데, 이 경우에는 '~라도 ~한데, 하물며 ~이겠는가'라는 뜻이 되어 어세를 강하게 만든다.

- **牧之爲職, 靡所不典, 歷擧衆條, 猶懼不職, 矧冀其自考而自行哉?** [본문]

- **邑宰雖至親, 亦不可數數往見, 況非親舊乎?**
  고을의 수령이 비록 가까운 친척이라도 자주 가 보아서는 안 되는데, 하물며 친구도 아닌 데야 더 말할 것이 있겠는가. [이이(李珥), 『격몽요결(擊蒙要訣)』]

- **素非我有, 而一旦加乎我, 雖窮貴極富, 而我不以爲喜也. 喜且不可, 況以爲終身可樂乎?**
  본시 내게 없는 것을 하루아침에 나에게 줌에 비록 더할 수 없는 부귀라 할지라도 나는 기쁘게 여길 것이 못 된다. 기뻐하는 것도 오히려 옳지 못하거늘 하물며 종신토록 즐길 수 있는 것으로 삼겠는가.
  [이색(李穡), 『동문선(東文選)』]

저자와 저술 소개

● 정약용(丁若鏞)

1762~1836. 조선 후기의 학자이자 문신으로, 자는 미용(美鏞), 호는 다산(茶山) · 사암(俟菴) · 여유당(與猶堂) · 채산(菜山), 본관은 나주(羅州), 시호는 문도(文度)이다. 근기(近畿) 남인 가문 출신으로, 1789년(정조13) 문과에 급제하여 벼슬길에 올라 승지와 곡산 부사(谷山府使), 형조 참의(刑曹參議) 등을 역임하며 정조의 개혁 파트너로 성장하였으나, 1800년에 정조가 승하한 뒤 천주교 신앙을 빌미로 신유박해에 연루되어서 18년 동안 전라도 강진에서 유배 생활을 하였다. 이 기간 동안 경학 분야 뿐 아니라 정치 · 행정 · 사법 · 역사 · 지리 · 의학 · 어학 · 음악 · 불교 등 거의 모든 학술분야에 걸친 저작을 완성하여 『여유당전서(與猶堂全書)』로 집대성했다. 조선후기 소위 '실학(實學)'의 대표적인 학자로 일컬어진다. 한편 사회적 부조리를 고발하는 사실적인 시들을 남겨 당대 및 후대에 시인으로도 유명하다. 주요 저서로 『목민심서(牧民心書)』 · 『경세유표(經世遺表)』 · 『흠흠신서(欽欽新書)』 등이 있으며, 『여유당전서』로 집대성되었다.

● 『목민심서(牧民心書)』

정약용은 500여권에 이르는 방대한 저술을 남겼는데, 그 중에서 『목민심서』는 『경세유표(經世遺表)』 · 『흠흠신서(欽欽新書)』와 함께 정법(政法) 3서(書)로서 잘 알려진 책이다. 이 책은 목민관, 즉 지방관이 지켜야 할 지침을 밝힌 책으로, 정약용이 57세가 되던 해인 1818년(순조18)에 완성되었다. 조선 후기 지방의 사회와 정치 현실을 민생 문제, 수령의 책임과 결부시켜 자세하게 밝힌 저술이라 평가된다.

더 읽어보기

정약용(丁若鏞)은 회갑에 자신의 삶을 회고하며 지은 「자찬묘지명(自撰墓誌銘)」에서 “육경(六經)과 사서(四書)로써 스스로를 수양하고 1표(表)와 2서(書)로써 천하 · 국가를 다스리니, 본말(本末)을 갖춘 것이다.”라고 하였다. 이것은 바로 유교에서 제시한 이상적 지향인 ‘수기치인(修己治人)’으로, 정약용의 방대한 저술 역시 크게 ‘수기’와 ‘치인’ 이 두 부류로 나누어진다. 그 중에서 ‘1표2서(一表二書)’라고 지칭한 책들은 정약용의 대표적인 저술로 알려진 『경세유표(經世遺表)』 · 『목민심서(牧民心書)』 · 『흠흠신서(欽欽新書)』로서, 이들은 다른 말로 ‘정법3서(政法三書)’라고도 불린다. 여기에는 정약용의 경세 사상이 집약적으로 담겨 있다.

『경세유표』는 경세(經世)에 대한 뜻을 적은 유표(遺表)라는 뜻인바, 표(表)는 문체명으로서 임금에게 올리는 글의 한 종류이며, ‘유표’라고 한 데서 실제로 왕에게 올린 글은 아님을 알 수 있다. 이 글의 원제목은 『방례초본(邦禮草本)』이었는데, 이 제목은 이 책의 내용이 『주례(周禮)』를 근거로 삼아서 국가제도를 설계한 것임을 보여준다. 국가 전반에 관한 법을 다루고 있으면서 제목에서 ‘예(禮)’라고 한 것은, 예(禮)로써 정치하여야 한다는 정통적인 유가 사상에서 비롯된 것이다. 완성하지 못하여 미완인 채로 남겨졌지만, 남아있는 글만으로도 국가와 사회 전반에 대한 정약용의 개혁 의지를 살펴볼 수 있다. 한편 『흠흠신서』는 형사재판 전반에 대해 다룬 일종의 형법서이다. ‘흠흠(欽欽)’은 삼가고 조심한다는 뜻으로, 형률은 인명(人命)과 관련된 것이므로 무엇보다도 신중히 다뤄야 한다는 생각에서 이 책을 저술한 것이다. ‘민(民)’을 중시하는 입장에서 저술하였다는 점에서 『목민심서』와도 공통점을 갖는다.

제11장 문체반정(文體反正)과 사역표현

大抵文體隨世不同, 而一世之間, 亦或屢變. 惟時之所尙, 而其盛衰興替, 未嘗不與政通矣. 貫道之文尙矣, 雖其下者, 必也學識積於中, 而英華發於外, 不求順而自順, 不求奇而自奇. 其順者, 如江淮安流, 一日千里, 其奇者, 如怒濤激石, 變態橫生, 然後方可爲盛世之文, 而以文取士者, 亦可以叩其外而質其中之所蘊也. 我朝文士, 蔚然相望, 前輩鉅手, 未知其孰爲艱、孰爲易、孰爲順、孰爲奇, 而亦不可不謂之盛矣. 夫何挽近以來, 寂然無聞, 儒生所習, 不過科臼文字, 而如非泥於庸常, 亦必強作詭怪. 其於文章體格, 元無艱易之可言, 而膚淺淆雜, 愈往愈甚, **此固俗尙之使然歟?** 抑亦培養之失宜歟? 何以則丕新文體, 或順或奇, 各得其宜, **俾有以張斯文而賁世道歟?**

-正祖, 『弘齋全書』「策問二 文體」

한자의 뜻과 음

淮 물이름 (회)	鉅 크다 (거)	泥 막히다, 얽매이다 (니)	愈 더욱 (유)
濤 물결 (도)	孰 누구 (숙)	庸 범상하다 (용)	丕 크다 (비)
叩 두드리다 (고)	易 쉽다 (이)	詭 괴이하다 (궤)	俾 하여금 (비)
蘊 온축하다 (온)	挽 당기다 (만)	膚 천박하다 (부)	賁 빛내다 (비)
蔚 성대하다 (울)	臼 절구 (구)	淆 뒤섞이다 (효)	

단어 주석

1) 科臼文字(과구문자)

과구(科臼)란 일정한 틀 혹은 형식을 뜻하는데, 따라서 과구문자란 과거 시험에 쓰이는 고정된 문체로 일정한 형식에 따라 쓴 글을 가리킨다.

본문의 문법표현

1) 惟時之所尙

‘惟’는 ‘오직’, ‘다만’이라는 뜻으로, 한정을 나타내는 표현이다.

2) 而其盛衰興替

‘而’는 앞뒤의 말을 이어주는 역할을 하며, 순접과 역접에 모두 쓰일 수 있다. 여기서는 역접으로 이어주고 있다.

3) 未嘗不與政通矣

‘嘗’은 ‘~한 적이 있다’라는 의미로, 앞뒤로 부정어 ‘未’와 ‘不’ 놓여서 이중부정이 되어, ‘~하지 않은 적이 없다’라는 뜻을 지닌다.

4) 必也學識積於中

‘也’는 강조를 나타내는 어기사이다.

5) 然後方可爲盛世之文

‘方’은 ‘비로소’라는 뜻을 지니며, 비슷한 의미를 지닌 한자어로 ‘始’가 있다.

- **志立而守之固, 知賢而任之專, 然後始可以言治矣.**

  뜻을 세워서 견고하게 지키고 현자를 알아서 전일하게 맡긴 뒤에야 비로소 치도를 말할 수 있습니다.

  [김우옹(金宇顒), 『동강집(東岡集)』]

6) 未知其孰爲艱、孰爲易、孰爲順、孰爲奇

‘孰’은 ‘누구’라는 뜻의 의문사이다.

7) 夫 何挽近以來

‘夫’는 ‘大抵’와 같은 뜻으로, 발어사이다.

‘何’는 의문사로서, ‘어찌하여’ 혹은 편의상 ‘어째서인지’라고 해석할 수 있다.

8) 而如非泥於庸常，亦必強作詭怪

'如'는 '만일'이라는 뜻으로 가정을 나타내며, '如非…亦必~'은 '만일 …가 아니라면 또한 반드시 ~한다'라고 해석된다.

9) 愈往愈甚

'愈'는 '점점', '더욱'의 뜻으로 '愈…愈~'는 '…할수록 ~해진다'라는 의미를 지닌다.

- **外心求道，愈求愈遠，愈遠愈失.**

  마음 밖에서 도를 구하면 구할수록 멀어지고, 멀어질수록 잃게 된다.

  [윤근수(尹根壽), 『월정집(月汀集)』]

10) 抑亦培養之失宜歟

'抑'은 '아니면', '혹'이란 뜻으로, 선택이나 추측을 나타낸다.

- **其自然而成耶? 抑故爲之耶?**

  이는 자연스럽게 변화해서 이루어진 것인가, 아니면 일부러 그렇게 만들어 놓은 것인가?

  [이곡(李穀), 『가정집(稼亭集)』]

11) 何以則丕新文體

'何以'는 '어떻게 하면'이라는 뜻이다.

사역표현

주체가 다른 대상에게 어떤 일을 시키는 것을 나타내는 표현이다.

1) 사동의 표현으로 만들어주는 보조사인 '使', '令', '敎', '俾' 등을 사용하며, '(~에게 ~을) 하게 하다'라는 의미를 지닌다.

- 此固俗尙之使然歟? [본문]
- 何以則丕新文體，或順或奇, 各得其宜，俾有以張斯文而賁世道歟? [본문]
- 聲與色, 外物也, 外物常爲累於耳目, 令人失其視聽之正.
  소리와 빛은 외물이니 외물이 항상 이목에 누가 되어 사람으로 하여금 똑바로 보고 듣지 못하게 하는 것이다. [박지원(朴趾源), 『열하일기(熱河日記)』]
- 進退者身, 存亡者位, 得喪者物. 知此而使之不失其正者, 心乎!
  나아가고 물러가는 것은 몸이고, 있기도 하고 없어지기도 하는 것은 자리이며, 얻기도 하고 잃기도 하는 것은 물건이다. 이러한 것을 알아 바름을 잃지 않도록 하는 것은 바로 마음이다.
  [신흠(申欽), 『상촌집(象村集)』]

2) 동사 자체가 사동의 의미를 지닌 경우가 있는데, '遣', '命', '勸' 등이 그 예이다.

- 向在三國時, 歲遣子弟入唐, 肄業于太學.
  예전 삼국시대에는 해마다 자제를 파견하여 당나라에 들어가 태학에서 학업을 익히게 했다.
  [김윤식(金允植), 『운양집(雲養集)』]
- 常以不能早斷時學、專力本分爲恨, 命不肖兄弟從學境內諸名碩之門.
  일찍 시학(時學)을 끊고 본분에 오로지 힘쓰지 못한 것을 항상 한으로 여겨, 불초한 우리 형제에게 도내의 명유와 석학의 문하에 나아가 배우도록 하셨다. [조긍섭(曺兢燮), 『암서집(巖棲集)』]

3) 문맥상 사동으로 해석해야 하는 경우도 있다.

- 須先解積苦, 以悅民心, 然後收稅始可得中矣.
  모름지기 먼저 백성들의 쌓인 고통을 해소시켜 민심을 기쁘게 한 뒤에 세금을 비로소 적절하게 거두어들일 수 있을 것입니다. [이이(李珥), 『석담일기(石潭日記)』]

저자와 저술 소개

● 정조(正祖)

1752~1800. 조선의 22대 왕으로 이름은 산(祘), 자는 형운(亨運), 호는 홍재(弘齋)이다. 재위 기간(1776~1800) 동안에 탁월한 학문적, 정치적 역량으로 많은 성과를 거두었으며, 스스로도 많은 문학적, 학문적 성과를 이루었다. 문집으로 『홍재전서(弘齋全書)』가 있는데, 184권 100책에 달하는 방대한 양이다.

더 읽어보기

조선후기의 개혁적인 군주로 알려져 있는 정조(正祖)는 한편으로는 보수적인 군주라는 평가를 받기도 한다. 그 대표적인 예가 바로 문체반정(文體反正)일 것이다. 문체반정이란 정조가 당시의 한문 문체를 '올바른 것'으로 돌이키고자 취했던 일련의 조치로서, 여기서 말하는 올바른 문체란 다른 말로 순정한 고문(古文)이라고도 할 수 있다. 당시에 중국의 패관소설 또는 감각적이고 파격적인 형식의 글인 소품문(小品文)의 문체가 유행하던 것에 우려를 표한 것이다. 이는 일견 단순히 좁은 의미에서의 '글의 스타일'만을 문제 삼았던 것으로 보이기도 하겠으나, 실상 정조는 당시의 지식인들이 어떠한 글을 읽고, 어떠한 생각을 하며, 이를 어떠한 글로 표현해내느냐 하는 지식체계 전반에 대한 문제의식을 가지고 있었다.

정조는 당시의 흐름에 따라서 고증학의 성과나 일부 서학서의 지식을 수용하였으며, 청나라를 배우자는 북학(北學)의 주장에 귀를 기울이기도 하였다. 그러나 무엇보다도 의리학(義理學)과 경세학(經世學)을 학문과 사상의 근간으로 삼았고, 따라서 이를 바탕에 둔 실용적인 글쓰기에 힘써야 한다고 여겼다. 이에 정조는 당시에 유행하던 소설책이나 중국에서 출판된 고증학(考證學) 관련 서적들에서부터 시작하여 서학(西學)에 관련된 서적에 이르기까지 당시 조선에서 널리 읽히던 서적들의 일부를 통제하였으며, 자신이 생각하기에 모범이 될 만하다고 여긴 당(唐)·송(宋)의 고문(古文)들이나 주희(朱熹)의 글들을 뽑아 책으로 간행하여서 독서를 적극적으로 권장하기도 하였다. 잘 알려진 박지원(朴趾源)의 『열하일기(熱河日記)』는 정조로부터 불순한 문체로 지적을 받았으며, 관료 문인들 중에서도 정조의 견책을 받아 수차례 반성문을 제출하는 경우가 종종 있었다.

제12장 중인(中人)의 삶과 시제표현

入九龍淵, 樂之甚, 飮劇醉, 或哭或笑. 已又叫號曰: "天下名人崔北, 當死於天下名山." 遂翻身躍至淵, 旁有救者, 得不墮. …… 人有求爲山水, 畵山不畵水. 人怪詰之, 七七擲筆起曰: "唉! 紙以外皆水也." 畵得意, 而得錢少, 則七七輒怒罵裂其幅不留. 或不得意, 而過輸其直, 則呵呵笑, 拳其人, 還負出門, 復指而笑: "彼竪子不知價." 於是自號"毫生子". 七七性亢傲不循人. 一日與西平公子, 圍碁賭百金, 七七方勝, 而西平請易一子. 七七遽散黑白, 斂手坐曰: "碁本於戱, 若易不已, 則終歲不能了一局矣." 後不復與西平碁. 嘗至貴人家, 閽者嫌擧姓名, 入告"崔直長至". 七七怒曰: "胡不稱政丞, 而稱直長?" 閽者曰: "何時爲政丞?" 七七曰: "吾何時爲直長耶? 若欲借啣, 而顯稱我, 則豈可捨政丞, 而稱直長耶?" 不見主人而歸.

– 南公轍, 『金陵集』「崔七七傳」

한자의 뜻과 음

淵 연못 (연)	墮 떨어지다 (타)	呵 껄껄 웃다 (가)	遽 갑자기 (거)
叫 부르짖다 (규)	詰 따지다 (힐)	竪 더벅머리 (수)	斂 거두다 (렴)
崔 성씨 (최)	擲 던지다 (척)	亢 높다, 자만하다 (항)	閽 문지기 (혼)
翻 날다, 뒤집다 (번)	唉 탄식하는 소리 (애)	傲 거만하다 (오)	胡 어찌 (호)
躍 뛰다 (약)	罵 꾸짖다 (매)	碁 바둑 (기)	耶 어조사 (야)
旁 곁 (방)	直 값 (치)	賭 내걸다 (도)	啣 직함 (함)

단어 주석

1) 九龍淵(구룡연)

금강산(金剛山)의 명승인 구룡폭포(九龍瀑布)가 떨어져 이룬 깊은 못을 가리킨다.

2) 崔北(최북)

[저자와 저술 소개] 참조.

3) 西平公子(서평공자)

서평군(西平君)에 봉해진 왕족 이요(李橈, 1724~1776)를 가리킨다.

4) 直長(직장)

조선시대에 각 관아에 두었던 종7품의 하급관직이다.

본문의 문법표현

1) 樂之甚

'之'는 주어의 뒤, 서술어의 앞에 쓰여서 앞의 내용이 주어임을 표시해주는 역할을 한다.

2) 或哭或笑

'或…或~'은 '혹은 …하기도 하고 혹은 ~하기도 한다'라는 관용적 표현이다.

3) 已又叫號曰

'已'는 '그런 뒤에', '뒤이어'라는 뜻을 지닌다.

4) 人怪詰之

'之'는 대명사로 쓰였다.

5) 唉! 紙以外皆水也.

'唉'는 탄식하는 소리를 나타내는 감탄사이다.

6) 胡不稱政丞, 而稱直長

'胡'는 '어찌'라는 뜻으로, 의문사이다.

시제표현

한문에서는 시제에 따른 서술어의 변화가 없으므로, 문맥에 따라서 시제를 파악하여야 한다. 다만 시제를 나타내는 한자어들을 사용하여 이를 분명하게 드러내는 경우도 있는데, 여기에서는 그 대표적인 예를 살펴보기로 한다.

1) 과거 : '嘗', '曾', '旣', '已', '向(嚮)' 등

- **嘗至貴人家, 閽者嫌擧姓名, 入告"崔直長至".** [본문]
- **嘗竊觀古聖賢文字, 曾未有吹人天上、自處汚下之言.**
  일찍이 옛 성현의 글을 보니, 남을 하늘 위로 추어올리고 스스로는 비루하고 낮은 곳에 처하는 말은 아직까지 없었다. [조긍섭(曺兢燮), 『암서집(巖棲集)』]
- **"我腹旣飽, 不察奴飢." 言已享福樂者, 不知人窘苦.**
  "내 배 부르고나면 종 배고픈 줄 살피지 못한다." 이는 이미 복과 즐거움을 누린 사람은 남의 어려움을 알지 못한다는 말이다. [정약용(丁若鏞), 『이담속찬(耳談續纂)』]

2) 현재(진행) : '方' 등

- **七七方勝, 而西平請易一子.** [본문]
- **"虎之方睡，莫觸其鼻." 言不可挑禍也.**
  "호랑이가 한창 자고 있을 때에 코침을 놓아서는 안 된다." 이는 화를 돋우면 안 된다는 말이다. [정약용(丁若鏞), 『이담속찬(耳談續纂)』]

3) 미래 : '將', '且' 등

- **讀書, 將以明夫理而措諸事也.**
  독서는 장차 진리를 밝혀 현실에 적용하려는 것입니다. [홍대용(洪大容), 『담헌서(湛軒書)』]
- **歲且盡, 惟起居萬重.**
  한 해가 장차 다해가려 하는데, 기거가 만중하시길 바랍니다. [이상정(李象靖), 『대산집(大山集)』]

저자와 저술 소개

● 남공철(南公轍)

1760~1840. 조선 후기 문신으로, 자는 원평(元平), 호는 금릉(金陵) · 사영(思穎), 본관은 의령(宜寧), 시호는 문헌(文獻)이다. 고위직을 두루 역임하여 대제학을 거쳐 영의정에 이르렀다. 문집으로 『금릉집(金陵集)』이 있다.

● 최북(崔北)

1712~1786. 영조 연간의 저명한 화가로, 초명은 식(埴)이었으며, 자는 칠칠(七七) · 성기(聖器) · 유용(有用), 호는 호생관(毫生館) · 월성(月城) · 성재(星齋) 등이며, 본관은 무주(茂朱)이다. 산수화에 뛰어났으며 대표작으로 「표훈사도(表訓寺圖)」 · 「조어도(釣魚圖)」 · 「풍설야귀도(風雪夜歸圖)」 등이 있다. 남공철의 문집인 『금릉집』과 조희룡(趙熙龍)의 『호산외사(壺山外史)』에 기이한 행적이 기록되어 있다.

더 읽어보기

중인(中人)은 일반적으로 양반(兩班)과 양인(良人)의 중간에 위치한 신분 계급을 지칭한다. 그 구체적인 범위 등에 대해서는 이견이 있지만, 넓은 범위로 보자면 역관(譯官)·의관(醫官)·율관(律官)·화원(畫員)·사자관(寫字官) 등의 기술관과 향리(鄕吏)·서리(胥吏) 등의 하급실무관리를 포함한다. 조선 후기에 들어서면 이들 중에 전문적인 기술 및 행정경험을 바탕으로 경제력을 지니는 사람들이 많아지게 되었고, 이에 추동되어 서울에 거처하는 중인들이 나름대로의 문화를 향유하면서 자신들의 재능이나 취미를 개발하였다. 이들의 문학을 지칭할 때에는 중인이라는 말 대신에 '여항(閭巷)' 혹은 '위항(委巷)'이라는 말을 사용해서 '여항문학', '위항문학'이라 부르기도 한다.

최북 초상화

이들은 미술, 음악, 문학 등 다양한 분야에 있어서 활발한 문화 활동을 하였다. 한문 문학의 경우에는 시사(詩社)를 결성하여 공동 시집(詩集)을 대규모로 출판하기도 하였으며, 자신들만의 전기(傳記)를 모아서 후대에 기록을 남기려는 노력을 하기도 하였다.

제13장 세한도(歲寒圖)와 한정표현

且世之滔滔, **惟權利之是趨**, 爲之費心費力如此, 而不以歸之權利, 乃歸之海外蕉萃枯槁之人, 如世之趨權利者. 太史公云: "以權利合者, 權利盡而交疏." 君亦世之滔滔中一人, 其有超然自拔於滔滔權利之外, 不以權利視我耶? 太史公之言非耶? 孔子曰: "歲寒然後知松栢之後凋." 松栢是貫四時而不凋者, 歲寒以前, 一松栢也, 歲寒以後, 一松栢也, 聖人特稱之於歲寒之後. 今君之於我, 由前而無加焉, 由後而無損焉. 然由前之君, 無可稱, 由後之君, 亦可見稱於聖人也耶? 聖人之特稱, **非徒爲後凋之貞操勁節而已**, 亦有所感發於歲寒之時者也.

－ 金正喜, 『阮堂全集』「與李藕船」

한자의 뜻과 음

滔 물이 넘치다 (도)
趨 뒤쫓다, 추구하다 (추)
蕉 야위다 (초)
萃 야위다 (췌)
枯 마르다 (고)
槁 마르다 (고)
拔 뽑다, 빼다 (발)
栢 잣나무 (백)
凋 시들다 (조)
勁 굳세다 (경)

단어 주석

1) 太史公(태사공)

중국의 대표적인 역사서 『사기(史記)』를 지은 전한(前漢)의 역사가 사마천(司馬遷)을 가리킨다.

본문의 문법표현

1) 惟權利之 是趨

'之'는 목적어가 서술어의 앞으로 나와 도치될 때에 쓰이는데, 도치되는 말 가운데에 놓인다. 이 예문의 경우에는 본래 '趨權利'가 기본 어순이지만, 서술어인 '趨'와 목적어인 '權利'가 도치되면서 그 사이에 '之'가 놓이게 된 것이다.

- **子曰: "古者言之不出, 恥躬之不逮也." 此亦先行其言而後從之之意.**

  공자께서 말씀하시기를, "옛날 사람들이 말을 경솔히 내지 않은 것은 자신의 행동이 말한 바에 미치지 못할까 부끄러워해서이다."라고 하였으니, 이 역시 그 말할 것을 먼저 행한 뒤에 말이 행동을 따르게 하는 뜻이다. [박세당(朴世堂), 『사변록(思辨錄)』]

'是' 역시 목적어가 서술어의 앞으로 나와 도치될 때에 목적어와 서술어 가운데에 놓이며, 강조하기 위해 쓰인다.

2) 爲 之費心費力如此

'爲'는 '~을(를) 위하다'라는 뜻이며, '之'는 대명사로 쓰였다. 이 편지의 서두에서 상대방이 자신을 위해 몇 권의 중국 서적을 어렵게 구해준 것에 대한 고마움을 표현하였는데, 이를 가리킨다.

3) 而不以歸之權利

여기에서 '之'는 '之於'의 생략된 형태라고 할 수 있는데, '之'는 대명사, '於'는 '~에게'라는 뜻으로 해석된다.

4) 乃歸之海外蕉萃枯槁之人

'乃'는 '도리어'라는 뜻이다.

5) 如世之趨權利者

'如'는 '마치 ~와 같다'라는 의미로, 비유를 나타낸다.

6) 其有超然自拔於滔滔權利之外, 不以權利視我耶?

'其'는 추측이나 생각을 나타내는 말로 의문이나 감탄문의 형식으로 자주 쓰이는데, 여기에서는 의문을 나타내는 종결사 '耶'와 호응하고 있다. '아마도 ~하는 것이겠지요?' 혹은 '아마도 ~일 것이다'라는 뜻을 지닌다.

- **苟非其時, 動必殆矣. 善處動者, 必待時必順時, 時者, 幾也. 見幾而動者, 其惟君子乎!**

  만일 그때가 아닌데 움직이면 반드시 위태할 것이다. 동(動)에 잘 처하는 자는 반드시 때를 기다리고 반드시 때에 순종하니, 때라는 것은 기미이다. 기미를 보고서 움직이는 자는 오직 군자일 것이다.
  [이달충(李達衷), 『담암일집(淡庵逸集)』]

7) 今君之於我

'之'는 주어의 뒤에 놓여서 주어임을 표시해주는 역할을 하고 있다.

- **兄弟會合, 怡愉湛樂, 不知日之將暮.**

  형제들이 모이면 화락하게 지내면서 날이 저무는 것도 알지 못하였다.
  [송치규(宋穉圭), 『강재집(剛齋集)』]

8) 由前而無加焉, 由後而無損焉.

여기에서 '焉'은 '於此'의 준말로 쓰였다. 이와 비슷하게 준말로서 쓰이는 대표적인 예로 '諸'가 있는데, 이는 '之於'의 준말로 종종 쓰인다.

- **愛人不親, 反求諸己; 治人不治, 反求諸己.**

  남을 사랑하되 그 사람이 친하게 여기지 않는다면 그 까닭을 자신에게 돌이켜 구하고, 남을 다스리되 다스려지지 않으면 그 까닭을 자신에게 돌이켜 구하여야 한다.
  [정약용(丁若鏞), 『여유당전서(與猶堂全書)』]

9) 亦可見稱於聖人也耶

'見'은 피동을 나타내는 보조사이며, '於' 역시 피동을 나타내는 전치사이다.

한정표현

대상의 정도를 한정하는 표현이다.

1) 한정을 나타내는 부사어 '惟(唯)', '獨', '但', '只', '直', '徒' 등을 사용하며, '오직/다만 (~일 뿐이다)'라는 의미를 지닌다.

- 且世之滔滔, 惟權利之是趨, 爲之費心費力如此. [본문]
- 古今守國規模, 實惟在國勢之強弱、將帥之賢否, 不徒在於城柵之如何也.
  고금의 나라를 지키는 규모는 실로 오직 국세의 강약과 장수의 어짊에 달려 있지, 한갓 성책이 어떠한가에 달려 있지 않습니다. [양성지(梁誠之), 『눌재집(訥齋集)』]
- 人有非情之誚, 但笑而無辨.
  사람들이 실정이 아닌 것을 가지고 꾸짖으면 웃기만 할 뿐 변명하지 않았다.
  [이의현(李宜顯), 『도곡집(陶谷集)』]

2) 한정을 나타내는 종결사 '耳', '已', '爾', '而已' 등을 사용하며, '~일 뿐이다'라는 의미를 지닌다.

- 殺人之父, 人亦殺其父, 殺人之兄, 人亦殺其兄, 然則非自殺之也, 一間耳.
  남의 아버지를 죽이면 그 또한 내 아버지를 죽일 것이고, 남의 형을 죽이면 그 또한 내 형을 죽일 것이니, 그렇다면 내가 직접 죽인 것은 아니지만 한 끝 차이일 뿐인 것이다. [『맹자(孟子)』]
- 飢則飯吾飯而已, 渴則飮吾井而已.
  배고프면 내 밥을 먹을 뿐이요, 목마르면 내 우물물을 마실 뿐이다.
  [장혼(張混), 『이이엄집(而已广集)』]

3) 문장의 앞과 뒤에서 한정을 나타내는 부사어와 종결사가 호응하기도 한다.

- 聖人之特稱, 非徒爲後凋之貞操勁節而已, 亦有所感發於歲寒之時者也. [본문]
- 忠義所激, 弱可使强, 寡可敵衆, 只在一轉移之間耳.
  충의가 북받치면 약한 자도 강하게 할 수 있고, 적은 군사로도 많은 군사를 대적할 수 있는 법이니, 단지 마음을 한 번 다르게 먹기에 달려 있을 뿐이다. [김성일(金誠一), 『학봉전집(鶴峯全集)』]
- 得喪利害, 其來也無時, 君子處之安焉. 如冬寒而裘、夏暑而葛, 惟所遇耳.
  득실과 이해가 정해진 때가 없이 우리에게 닥쳐오지만, 군자는 여기에 처하기를 편안히 한다. 마치 겨울에 추우면 털옷을 입고 여름에 더우면 베옷을 입는 것처럼 오직 상황에 따라 적절히 대처할 뿐이다. [이숭인(李崇仁), 『도은집(陶隱集)』]

저자와 저술 소개

● 김정희(金正喜)

1786~1856. 조선 후기의 문인으로, 자는 원춘(元春), 호는 완당(阮堂) · 추사(秋史) · 예당(禮堂) · 시암(詩庵) · 과파(果坡) · 노과(老果) 등이며, 본관은 경주다. 1819년(순조19)에 문과에 급제하고 성균관 대사성 · 이조 참판 등을 역임하였다. 그러나 정치적인 부침도 많이 겪었는데, 윤상도(尹商度)의 옥사에 연루되어 고금도(古今島)에서 유배되었다가, 1840년부터 9년간은 제주도에 유배되었으며, 1851년(철종2) 권돈인(權敦仁)의 일에 연루되어 다시 2년 동안 함경도 북청에 유배되었다. 그 후 과천에서 은거하였다. 경학(經學), 금석학(金石學), 서화(書畵) 등에 모두 조예가 있어서 학문과 예술 분야에서 성취를 이루었다. 문집으로 『완당전집(阮堂全集)』이 있다.

● 「세한도(歲寒圖)」

김정희가 1844년(헌종10) 59세 때에 제주도에서 귀양생활을 하면서 제자 이상적(李尙迪, 1804~1865)에게 그려 보낸 작품으로, 문인화(文人畵)의 대표작으로 꼽힌다. 이상적은 자는 혜길(惠吉), 호는 우선(藕船), 본관은 우봉(牛峰)이다. 그는 중인 출신의 역관(譯官)으로 12차례 청나라에 다녀왔는데, 이 그림을 북경에 가져가서 청나라 문사들에게 글을 받아오기도 하였다.

더 읽어보기

세한도

김정희(金正喜)는 시(詩) · 서(書) · 화(畵)에 모두 뛰어났던 문인으로 알려져 있다. 「세한도(歲寒圖)」는 그 중에서도 김정희의 대표작으로 잘 알려진 작품이다. 제목의 '세한(歲寒)'은 『논어(論語)』의 "날씨가 추워진 뒤에야 소나무와 측백나무가 뒤늦게 시든다는 것을 알게 된다.[歲寒然後知松柏之後彫也]"라고 한 말에서 온 것이다. 김정희는 노론 명문가에서 태어나 순조롭게 관직 생활을 하였으나, 세도정치에서의 정쟁에 휘말려 결국 제주도로 유배를 가서 9년이라는 긴 시간 동안 그곳에 머물렀다. 이 그림은 그 긴 유배생활 중에 머나먼 제주도까지 찾아오며 변함없이 제자의 예를 다하던 문하의 역관(譯官) 출신 이상적(李尙迪)에게 고마움을 느끼고서 그려준 것이다. 어려운 상황에 놓였을 때에도 변치 않는 제자의 모습에서 느낀 고마운 마음을 추운 겨울 변함없이 서 있는 소나무 그림에 담았다.

이상적은 역관으로서 중국에 십수 차례 다녀오면서, 김정희와 중국 인사들에게 서로간의 소식을 전해주었을 뿐만 아니라, 김정희에게 새롭게 간행된 중국의 서적 등을 얻어서 보내주기도 하였다. 「세한도」를 그린 뒤에 김정희가 이상적에게 보낸 편지에서도 이상적이 120권에 달하는 『황조경세문편(皇朝經世文編)』이라는 책을 중국에서 구해준 것에 대해 고마워하는 내용이 보인다. 이상적은 김정희로부터 이 그림을 받은 후에 이것을 북경에 가지고 가 여러 중국의 지식인에게 보이고 많은 글을 받아오기도 하였으므로, 이 그림은 당시 중국에도 알려질 수 있었다.

제14장 근대기의 한문과 접속표현

是時京中官報及外道文移, 皆眞諺相錯, 以綴字句, 蓋效日本文法也. 我國方言, 古稱華文曰"眞書", 稱訓民正音曰"諺文", 故統稱"眞諺". 及甲午後, 趨時務者, 盛推諺文曰"國文", 別眞書以外之曰"漢文", 於是"國漢文"三字遂成方言, 而"眞諺"之稱泯焉. 其狂恌者, 倡漢文當廢之論, 然勢格而止.

- 黃玹,『梅泉野錄』高宗 31年(1894) 甲午

한자의 뜻과 음

諺 언문 (언)	**泯** 없어지다 (민)	**倡** 창도하다 (창)
綴 엮다, 잇다 (철)	**恌** 경박하다 (조)	**格** 가로막히다 (격)

단어 주석

1) 甲午(갑오)

갑오년은 1894년(고종31)으로, 이 해에 실시된 갑오경장(甲午更張), 즉 갑오개혁(甲午改革)을 가리킨다.

본문의 문법표현

1) 是時京中官報及外道文移

'及'은 '~와(과)'라는 의미를 지니며, 앞뒤의 한자어를 병렬로 이어주는 접속사이다. 비슷한 역할을 하는 한자어로 '與'가 있다.

2) 皆眞諺相錯, 以綴字句.

'以'는 앞의 내용을 받아오면서 순접으로 뒤의 내용과 이어주는 접속의 역할을 하며, 도구, 수단을 나타낸다.

- **身之是非善惡, 欲委以與世而不恤, 非惑之甚與?**

  내가 하는 것이 옳은지 그른지 선한지 악한지를 세상의 판단에 넘겨버리고 돌보지 않는 것은 참으로 미혹된 것이 아니겠는가. [송문흠(宋文欽), 『한정당집(閒靜堂集)』]

3) 別眞書以外之曰漢文

'以'는 앞의 내용을 받아오면서 순접으로 뒤의 내용과 이어주는 접속의 역할을 하며, 도구, 수단을 나타낸다.

'之'는 대명사로 쓰였다.

4) 而眞諺之稱泯焉

'焉'은 종결사로 쓰였다.

접속표현

단어나 문장을 연결해주는 표현으로, 그 예가 몹시 많다. 여기에서는 그 가운데 구나 절을 접속하는 대표적인 접속어의 사례를 몇 가지 알아보기로 한다.

1) 而 : 순접 혹은 역접으로 모두 이어줄 수 있다.

- 於是“國漢文”三字遂成方言, 而“眞諺”之稱泯焉. [본문]
- 惟欲事大以禮而事神以誠, 薄於自奉而篤於恤民, 勤於聽政而愼於用刑.
  오직 예로써 큰 나라를 섬기고 정성으로 신을 섬기며, 자신을 받드는 데는 박하게 하고 백성을 구휼하는 데는 후하게 하며, 정사를 보살피는 데는 부지런하고 형벌을 사용하는 데는 신중하고자 한다. [변계량(卞季良), 『춘정집(春亭集)』]
- 美質之稟於天者易得, 而學問之得於己者難矣.
  아름다운 자질을 타고난 사람을 얻기는 쉽지만, 학문을 몸에 터득한 사람을 얻기는 어렵다. [권근(權近), 『양촌집(陽村集)』]

2) 故 : 인과관계를 나타낼 때 쓰이며, ‘그러므로’, ‘따라서’라는 의미를 지닌다.

- 我國方言, 古稱華文曰“眞書”, 稱訓民正音曰“諺文”, 故統稱“眞諺”. [본문]
- 有夫婦, 然後有父子, 夫婦者, 人道之始也. 故古之聖人, 制爲婚姻之禮, 以重其事.
  부부가 있은 뒤에야 부자가 있으니, 부부는 인도(人道)의 시초이다. 그러므로 옛날의 성인이 혼인하는 예를 만들어 그 일을 중하게 하신 것이다. [『계몽편(啓蒙篇)』]

3) 然 : 역접으로 이어주며, ‘그러나’라는 의미를 지닌다.

- 其狂佻者, 倡漢文當廢之論, 然勢格而止. [본문]
- 明固無不照, 然而明有所不可盡, 必斂之以晦焉.
  참된 총명은 진실로 모든 것을 비추어 볼 수 있지만 그 총명함을 다 발휘하지 않은 채 반드시 안으로 거두어 감춘다. [장유(張維), 『계곡집(谿谷集)』]

저자와 저술 소개

● 황현(黃玹)

1855~1910. 조선 말기의 문인이자 우국지사로, 자는 운경(雲卿), 호는 매천(梅泉), 본관은 장수(長水)이다. 30대에 생원시에 합격하였지만 조정의 상황에 환멸을 느끼고 귀향하여 전라남도 구례에서 학문을 익히는 데에 힘썼다. 1905년 11월 일제가 을사조약을 체결하자 당시 중국에 있는 김택영(金澤榮)과 함께 국권회복운동을 하기 위해 망명을 시도하다가 실패하였고, 1910년 8월에 한일합방이 이루어지자 통분하여 절명시(絶命詩) 4수를 남기고 아편을 복용하여 자결하였다.

● 『매천야록(梅泉野錄)』

황현(黃玹)이 1864년(고종1)부터 1910년까지 47년간의 역사를 편년체로 서술한 책으로, 총 6권 7책이다. 그 가운데 1864년부터 1894년(고종30)까지의 기록은 1책 반에 지나지 않으므로, 1894년에 일어난 갑오개혁 이후의 역사 서술에 더욱 힘썼음을 알 수 있다. 조선 말기의 외세에 대한 소식, 일제의 침략상에서부터 위정자들의 동향, 전국에서 일어난 반일 활동에 이르기까지 다양한 내용이 기록되어 있다.

더
읽어보기

국문(國文)과 한문(漢文)은 이른바 '근대기'를 겪으면서 그 위상이 바뀌게 된다. 그 변화된 위상은 둘에 대한 명칭의 변화에서도 찾을 수 있다. 전근대기에 한문은 동아시아 공동문어로서의 지위를 지니고 있었고, 따라서 그저 '문(文)'이라는 한 글자로서, 혹은 『매천야록(梅泉野錄)』의 기록처럼 '진서(眞書)'라는 존중의 의미를 담은 말로서 지칭되었다. 반면 훈민정음(訓民正音)이 창제된 이후 표기체제를 갖추게 된 한글은 근대기에 이르기 이전까지 주로 일반 백성과 여성을 위한 표기수단으로 활용되었고, 동아시아 공동어로서 자리 잡고 있었던 한문과는 대조적으로 '언문(諺文)' 또는 '방언(方言)' 등으로 지칭되었다.

근대기에 이르러 민족의 고유한 언어를 찾으려는 노력이 일어나게 되자, 이러한 노력과 맞물려서 그간 '언문'으로 불려오던 한글은 그 가치를 새롭게 인정받게 되었다. 이에 한글을 '글'로서도 본격적으로 사용하여 말과 글을 일치시키려는 움직임이 일어나게 되었고, 한글은 국가 · 민족의 고유한 언어로서 '국문(國文)'이라는 명칭을 공고하게 획득하였다. 한편 '문(文)' 그 자체로서 군림하던 한문은 이 시기에 와서 중국을 대칭하는 '한(漢)'이라는 글자를 얻으면서 타자화되었다.

제3부

한문 명문 감상하기

제1장

김부식(金富軾)의 〈김후직전(金后稷傳)〉

金后稷, 智證王之曾孫. 事眞平大王, 爲伊飡, 轉兵部令. 大王頗好田獵, 后稷諫曰: "古之王者, 必一日萬機, 深思遠慮, 左右正士, 容受直諫, 孳孳矻矻, 不敢逸豫. 然後德政醇美, 國家可保. 今殿下日與狂夫獵士, 放鷹犬逐雉兔, 奔馳山野, 不能自止. 老子曰: '馳騁田獵, 令人心狂.' 《書》曰: '內作色荒, 外作禽荒, 有一于此, 未或不亡.' 由此觀之, 內則蕩心, 外則亡國, 不可不省也. 殿下其念之." 王不從. 又切諫, 不見聽.

後后稷疾病將死, 謂其三子曰: "吾爲人臣, 不能匡救君惡. 恐大王遊娛不已, 以至於亡敗, 是吾所憂也. 雖死, 必思有以悟君, 須瘞吾骨於大王遊畋之路側." 子等皆從之. 他日, 王出行, 半路有遠聲, 若曰 "莫去". 王顧問: "聲何從來?" 從者告云: "彼后稷伊飡之墓也." 遂陳后稷臨死之言. 大王潸然流涕曰: "夫子忠諫, 死而不忘, 其愛我也深矣. 若終不改, 其何顔立於幽明之間耶?" 遂終身不復獵.

– 金富軾, 『三國史記』「金后稷列傳」

주 석

1) 金后稷(김후직)

신라 진평왕(579~632) 때의 충신.

2) 伊湌(이찬)

신라의 관직

3) 兵部令(병부령)

신라시대 군사에 관한 일을 총괄하던 병부(兵部)의 장관.

4) 田獵(전렵)

사냥

5) 萬機(만기)

임금의 온갖 정무(政務). 『서경』「고요모(皐陶謨)」에 "안일과 욕심으로 제후들을 다스리지 마시어 경계하고 두려워하소서. 하루 이틀에 기무가 만 가지나 되나이다.[無敎逸欲有邦, 兢兢業業. 一日二日, 萬幾.]"라고 한 구절에서 유래하였다.

6) 孶孶矻矻(자자골골)

게으름 부리지 않고 부지런히 애쓰는 모양.

7) 逸豫(일예)

느슨하고 나태함.

8) 馳騁田獵, 令人心狂(치빙전렵, 령인심광)

노자(老子)의 『도덕경(道德經)』 제12장에 나오는 말이다. "오색(五色)은 사람의 눈을 멀게 하고, 오음(五音)은 사람의 귀를 먹게 하고, 오미(五味)는 사람의 입을 상하게 하고, 말 달리며(馳騁) 사냥하는 것(田獵)은 사람의 마음(人心)을 발광(發狂)하게 한다."

9) 內作色荒, 外作禽荒, 有一于此, 未或不亡(내작색황, 외작금황, 유일우차, 미혹불망)

『서경(書經)』「오자지가편(五子之歌篇)」에 나오는 말이다. "안으로 여색에 빠지거나(色荒), 밖으로 사냥을 미치거나(禽荒), 술에 취하고 음악에 즐기거나, 궁실을 높이 짓고 담장을 화려하게 꾸미거나, 이 중 한 가지만 있어도 망하지 않은 이가 없었다."

10) 匡救(광구)

바로잡아 올바른 길로 인도하다.

11) 瘞(예)

무덤, 묻다.

12) 潸然(산연)

눈물이 줄줄 흐르는 모양.

저자 소개

● 김부식(金富軾)

1075~1151. 고려시대 문신, 학자, 문인으로, 자는 입지(立之), 호는 뇌천(雷川), 시호는 문열(文烈)이다. 김부식의 시대는 안으로는 고려 문벌 귀족 사회의 모순이 심화되고, 대외적으로는 금(金)이 등장하고 북송(北宋)이 망하는 등 격변이 일던 시기였다. 그는 유교적 정치 이념을 바탕으로 고려의 정치 질서를 재정립하려 했다. 김부식은 당대를 대표하는 문장가이기도 하다. 특히 당대에 유행하던 사륙변려문체(四六騈儷文體) 대신 당송고문(唐宋古文)을 확립하고자 노력했다. 이러한 문체적 지향은 그가 유교적 이상을 실현하려 했던 인물이라는 점과도 연관된다. 그의 대표 저작인 『삼국사기(三國史記)』는 유교적 정치관과 고문이 결합된 결과물일 것이다.

해 설

『삼국사기(三國史記)』는 고려 인종(仁宗)의 명에 의해, 김부식이 주도하여 편찬한 정사(正史)이다. 기전체(紀傳體) 역사 서술은 제왕의 사적을 기록하는 '본기(本紀)'와 각 시대를 풍미했던 다양한 인물들에 대해 기록인 '열전(列傳)'을 근간으로 한다. 「김후직전」은 『삼국사기』 「열전」의 한 편이다. 「열전」 역시 정사의 일부로 기술되는 것이니만큼, 철저히 사관을 바탕으로 작성된다. 김부식은 『삼국사기』를 인종에게 바치면서 지은 「진삼국사표(進三國史表)」에서 '임금의 선악과 신하의 충성이나 간악함, 국가의 안위(安危)와 인민의 치란(治亂)을 모두 드러내어 경계로 삼도록'하는 것이 목적이라고 밝혔다. 이것이 『삼국사기』의 서술을 관통하는 사관일 것이다. 목숨을 담보로 군주에게 충간을 하는 것을 '사간(死諫)'이라고 한다. 죽은 뒤에까지 군주를 위한 충간을 멈추지 않았다는 김후직의 일화는 '임금의 선악과 신하의 충성과 간악함을 드러내어 만세에 전해서 후세의 경계가 되도록 한다.'는 『삼국사기』의 역사 정신에 가장 부합하는 자료로 채택되었을 만하다. 『동문선(東文選)』에는 김후직이 진평왕에게 올린 간언만 「상진평왕서(上眞平王書)」라는 제목으로 따로 실려 있기도 하다.

제2장 이제현(李齊賢)의 〈북으로 가는 신 원외랑(辛員外郎)을 보내는 서문〉

士之行斯世也, 其猶舟乎! 有其才爲之楫, 有其命爲之順風, 然後利有攸往矣. 有才與命, 其志之或卑, 猶之楫完風利, 而操舟者非其人. 烏能任萬斛之重, 致萬里之遠, 以濟其不通乎? 員外辛侯, 束髮讀書, 敏而好問. 揚鑣翰墨之場, 游刃簿書之藪, 可謂有其才矣. 筮仕不幾年, 歷提學、代言, 遷密直僉議, 仍爲星郎東省, 可謂有其命矣. 引舊故同升諸公, 咨耆艾以諧庶政, 正色匡君主, 推誠待賓旅, 可謂有其志矣. 今以朝官被召, 騰裝而西笑. 才之奇、命之達、志之大, 將於是乎益見矣.

權贊善而下二十有八家, 用鄭愚谷《謝宴詩》, 分韻聯章, 以美其行, 屬予爲序. 予執爵而前, 請畢舟之說. 夫江河之與溟渤, 大小則殊, 舟於其中者, 同也. 檣而帆之, 所以進也; 纜而碇之, 所以止也. 又必有衣袽焉, 所以備漏濡者也. 王國, 江河也; 天子之邦, 溟渤也. 侯之舟, 由江河而溟渤之之也. 苟能檣其義, 帆其信, 纜其禮, 碇其智, 衣袽其敬愼廉勤, 何重之不任, 何遠之不致, 何不通之不濟乎? 昔田叔、韓安國, 以梁、趙之臣, 立於漢廷, 揚名當時, 流譽後世. 吾今侯焉是望矣.

– 李齊賢, 『益齋亂稿』「送辛員外北上序」

주 석

1) 萬斛(만곡)

1만 섬의 곡식으로, 서진(西晉)의 용양장군(龍驤將軍) 왕준(王濬)이 곡식 1만 섬을 실을 수 있을 정도로 거대한 전함을 건조하여 오(吳)나라를 정벌했던 고사가 있다.

2) 員外(원외)

원외랑(員外郎). 고려시대 상서6부의 정6품 관직이다.

3) 束髮(속발)

상투를 틀. 관례(冠禮)를 하는 나이인 15세를 말하기도 한다.

4) 揚鑣(양표)

표(鑣)는 말의 재갈이며, 양표(揚鑣)는 말의 재갈을 들어 올린다는 뜻으로, 말을 몰아 앞으로 간다는 의미이다.

5) 翰墨之場(한묵지장)

한묵은 문필을 이르는 말이다. 한묵장(翰墨場)은 문필을 가지고 노는 자리라는 뜻으로, 여러 사람이 모여 시문으로 짓는 곳을 말한다.

6) 游刃(유인)

칼날을 놀린다는 말인데, 능숙한 솜씨를 의미한다. 『장자(莊子)』 「양생주(養生主)」에 포정이 소 잡는 도(道)를 말하면서 "두께가 없는 칼을 두께가 있는 틈새에 넣으니, 널찍해서 칼날을 움직이는 데 반드시 여유가 있습니다.[以無厚入有間, 恢恢乎其於遊刃, 必有餘地矣.]"라고 한 말에서 유래하였다.

7) 簿書(부서)

관아(官衙)의 장부(帳簿)나 문서(文書).

8) 筮仕(서사)

처음으로 벼슬함. 원래는 처음 벼슬할 때에 길흉을 점쳐서 태도를 결정하는 것을 말한다.

9) 提學(제학) · 代言(대언)

'제학'은 고려 때 정3품의 벼슬로 대제학 다음의 벼슬이며, '대언'은 왕명의 하달을 맡은 관직으로, 승지(承旨)의 별칭이다.

10) 密直僉議(밀직첨의)

밀직사(密直司)의 첨의(僉議)이다. 밀직사는 고려 시대에 왕명의 출납과 궁궐의 경호 및 군사 기밀 등에 관한 일을 맡아보던 관청이다.

11) 星郎東省(성랑동성)

'동성'은 원(元)나라가 일본을 치기 위해 고려에 설치한 관청인 정동행중서성(征東行中書省)의 약칭이며, '성랑'은 정동행중서성 낭관(郎官)의 별칭이다.

12) 舊故(구고)

오래된 벗

13) 耆艾(기애)

노인을 지칭하는 말이다. 60세를 기(耆)라 하고, 50세를 애(艾)라 한다. 『예기(禮記)』「곡례(曲禮)」에 "50세를 애(艾)라 하니 관복을 입고 정사에 참여할 수 있으며, 60세를 기(耆)라 하니 사람들을 부릴 수 있다.[五十曰艾, 服官政, 六十曰耆, 指使.]"라고 하였다.

14) 賓旅(빈려)

외국에서 오는 사람.

15) 西笑(서소)

신 원외가 중국에 가게 되었음을 일컫는 말이다. 후한(後漢) 환담(桓譚)의 『신론(新論)』「거폐(袪蔽)」에 "사람들이 장안의 음악을 들으면 문을 나서면서 서쪽을 향해 웃고, 고기 맛이 좋은 것을 알면 푸줏간 문을 대하고 입맛을 크게 다신다.[人聞長安樂, 則出門西向而笑, 知肉味美, 則對屠門而大嚼.]"라고 한 데서 인용하였다.

16) 權贊善(권찬선)

찬선대부(贊善大夫) 벼슬에 있는 권한공(權漢功 ?~1349)을 가리킨다. 찬선대부는 고려 때 동궁에 소속된 정5품의 관직이다. 권한공은 고려후기에 찬성사, 도첨의 정승(都僉議政丞), 태자좌찬선(太子左贊善) 등을 역임한 문신이다. 호는 일재(一齋), 본관은 안동(安東)이며, 첨의평리(僉議評理) 권책(權頙)의 아들이다.

17) 鄭愚谷(정우곡)

정자후(鄭子厚). 우곡은 그의 호이다. 이제현(李齊賢) · 민사평(閔思平) 등과 함께 문명(文名)이 높았다.

18) 分韻聯章(분운련장)

'분운'은 운(韻)자를 정한 다음, 각자가 운자를 나누어 한시(漢詩)를 짓는 것으로, 여기에서는 「사연시(謝宴詩)」를 가지고 분운하였다는 말이다. '연장'은 몇 개의 연이 중첩되어 한 작품을 이루는 연장(聯章) 형식을 가리킨다.

19) 溟渤(명발)

큰 바다

20) 衣袽(의여)

배 안에 물이 샐 것에 대비하여 마련해 두는 헌 옷가지를 말한다.

21) 田叔(전숙)

조(趙)나라 사람으로 사람됨이 청렴하고 정직하며 의협심이 있어 조왕(趙王) 장오(張敖)가 낭중(郎中)으로 삼았었는데, 황제를 죽이려는 역적모의로 조왕 등이 잡혀갈 때 한(漢)의 장안(長安)으로 따라갔다가 천자의 눈에 들어 한중 수(漢中守)를 지냈다.

22) 韓安國(한안국)

양(梁) 나라 사람으로 처음에 양나라의 효왕(孝王)을 섬겨 중대부(中大夫)가 되었다가, 나중에 한(漢)나라의 어사대부(御史大夫)가 되고, 승상 일을 대행하다가 나중에는 재관장군(材官將軍)이 되었다.

저자 소개

● 이제현(李齊賢)

1287~1367. 고려후기의 관료 · 학자 · 문인으로, 자는 중사(仲思), 호는 익재(益齋) · 역옹(櫟翁), 시호는 문충(文忠)이다. 원(元) 간섭기에 원과 고려를 넘나들며 고려를 수호하려고 노력했다. 이제현은 고려에 성리학을 처음 들여온 백이정(白頤正)의 제자였고, 『사서집주(四書集註)』를 간행해 성리학의 보급에 노력한 권보(權溥)의 문생이요 사위였다. 또한 이제현의 문하에서 이곡(李穀) · 이색(李穡) 부자가 배출되었다. 이러한 사실들은 고려 말에 도입된 성리학의 역사에서 그가 지닌 위상을 보여준다. 그는 문학에도 뛰어나, 시는 전아하고 웅혼하다는 평을 받았으며, 사(詞)에도 능숙했다. 저서로 『익재난고(益齋亂藁)』 · 『역옹패설(櫟翁稗說)』 등이 있다.

해 설

원외랑(員外郎) 벼슬을 하는 신 아무개가 원(元)의 조신(朝臣)으로 가게 된 모양이다. 전송을 위해 모인 모임에서 스물여덟 명의 사람이 각자 한 장(章)씩 연달아 짓는 전별의 시를 지었다. 이제현에게는 송서(送序)가 요구되었다. '송서'란 먼 길 떠나는 이를 전송하면서, 이별의 회포와 당부의 말을 글로 써서 증정하는 글쓰기의 양식이다. 이 글에서 그는 선비의 삶을 배에 비유하고 있다. 일만 섬의 곡식을 싣고서 아무리 먼 곳이라도 갈 수 있을 만한 역량을 갖춘 큰 배로 신 원외를 추켜세우고 있다. 그리고 이제 강물 같은 작은 고려를 벗어나 큰 바다 같은 천자의 나라 – 원(元) 제국으로 들어가게 되었으니, 준비된 역량을 발휘해서, 부디 제후국 신하 출신으로 한나라 천자의 조정에서 활약한 전숙(田叔)과 한안국(韓安國) 같은 인물이 되라고 당부하고 있다. 신의(信義)를 돛과 돛대로 삼고, 예(禮)와 지혜를 닻줄과 닻으로 삼아 진퇴를 결정하고, 공경과 신중, 청렴과 부지런함으로 만약의 경우에 대비한다면 못할 것이 없을 것이라고 격려한다. 상대를 추어주면서도 장도(壯途)를 축복하고, 아울러 자신의 식견을 펼쳐 보이기도 하는 전형적인 송서이다. 인생을 배에 비유하다보니, 배와 물에 관련된 온갖 것이 유교적 관리가 갖추어야 할 덕목으로 세세하게 비유되었다.

제3장 이황(李滉)의 자찬묘갈명(自撰墓碣銘)

生而大癡, 壯而多疾. 中何嗜學, 晩何叨爵? 學求猶邈, 爵辭愈嬰.
進行之跲, 退藏之貞.

深慙國恩, 亶畏聖言. 有山嶷嶷, 有水源源. 婆娑初服, 脫略衆訕.
我懷伊阻, 我佩誰玩?

我思古人, 實獲我心. 寧知來世, 不獲今兮? 憂中有樂, 樂中有憂.
乘化歸盡, 復何求兮?

– 奇大升의『高峯集』에 실린「退溪先生墓碣銘, 先生自銘竝書」

주 석

1) 叨爵(도작)

자격이 안 되는 사람이 작위를 함부로 차지했다는 뜻. 벼슬살이에 대한 겸사이다.

2) 嬰(영)

더하다. 두르다.

3) 跲(겁)

넘어지다. 헛디디다.

4) 嶷嶷(억억)

산이 높은 모양.

5) 源源(원원)

물이 발원지에서 끊임없이 흘러나오는 모양.

6) 婆娑(파사)

춤추는 소매가 가볍게 나부끼는 모양.

7) 初服(초복)

벼슬하기 전에 입던 옷이라는 뜻으로, 벼슬에서 물러나 처음 살던 곳에 돌아가 은거하는 것을 비유한다.

8) 脫略(탈략)

벗어버리고 구속되지 않음.

9) 伊阻(이조)

멀리 떨어져 있음. 『시경』 「웅치(雄雉」에 "수꿩이 날아감이여, 천천히 날아가는구나. 내 그리워하는 이여, 저 멀리 떨어져 있구나.[雄雉于飛, 泄泄其羽. 我之懷矣, 自詒伊阻.]"라고 한 말에서 유래하였다. 원래는 부인이 부역 나간 남편을 그리워하는 마음을 표현한 것이지만, 여기에서는 예전의 선현들을 사모하지만 함께 학문을 논할 수 없음을 안타까워하는 뜻으로 쓰였다.

10) 乘化歸盡(승화귀진)

도연명(陶淵明)의 「귀거래사(歸去來辭)」의 마지막 부분인, "자연의 조화 타고 죽음으로 돌아가리니, 주어진 천명을 즐거워해야지 다시 무엇을 의심하리오.[聊乘化而歸盡, 樂夫天命復奚疑?]"라는 말을 인용한 것이다.

저자 소개

● 이황(李滉)

1501~1570. 조선 중기의 문신이자 학자로, 자는 경호(景浩), 호는 퇴계(退溪), 시호는 문순(文純)이다. 율곡(栗谷) 이이(李珥)와 함께 '조선 성리학(朝鮮性理學)'을 대표하는 학자이다. 특히 이(理)의 능동성을 강조하는 이기호발설(理氣互發說)을 주장하여, 영남학파(嶺南學派)의 종조(宗祖)가 되었다. 저서로 『퇴계서절요(退溪書節要)』·『자성록(自省錄)』·『주자서절요(朱子書節要)』·『이학통록(理學通錄)』·『계몽전의(啓蒙傳疑)』·『전습록논변(傳習錄論辨)』·『경서석의(經書釋義)』·『심경후론(心經後論)』 등이 있다.

해 설

이황 자신이 생전에 스스로 지어 남긴 자신의 묘지명(墓誌銘)이다. 묘지명이란 사후에 남들이 무덤 주인의 일생을 서술해서 돌 판이나 자기 같은 데 새겨 무덤 속에 같이 묻는 글이다. 훗날까지 무덤 주인의 생애가 전해지길 기원해서이다. 묘지명은 원래 운문 형식의 '명(銘)'에 서문(序文)이 붙는 것이 일반적인 형식이다. 서문에 망자의 일생을 서술하고, 마지막에 그 글을 요약하면서 송축하는 노래를 붙이는 것이다. 그런데 이 글의 출처인 고봉(高峯) 기대승(奇大升)의 「퇴계선생묘지명, 선생의 자명에 함께 쓰다[退溪先生墓碣銘, 先生自銘竝書]」는 형식이 엉뚱하다. 여기에는 명(銘)에 해당하는 4언의 운문이 먼저 나오고, 다음에 기대승이 쓴, 망자의 일생에 대한 서술이 나온다. 이런 특이한 형식의 묘지명이 된 사연에 대해 기대승은 글의 마지막에 덧붙였다.

> 선생께선 병환이 위중해지자 아들 준(寯)에게 "내가 죽으면 예조에서는 반드시 전례를 따라 예장(禮葬)을 하자 청할 것이다. 너는 반드시 나의 유명(遺命)이라 핑계대고 상소를 올려 굳이 사양하라. 또 비석을 쓰지 말고, 그저 작은 빗돌에다 앞면에 '퇴도만은진성이공지묘(退陶晩隱眞城李公之墓)'라고만 쓰고, 세계(世系)와 행실만 뒤에 간단히 서술해서, 『가례(家禮)』에서 말한 것처럼 해야 한다."하고 당부하셨다. 또 "이 일을 남에게 부탁하면, 아는 사람 중에 기 고봉(奇高峯) 같은 이는 틀림없이 실상에 없는 일을 장황히 늘어놓아 세상의 비웃음거리가 될 것이다. 그래서 내가 스스로 내 뜻대로 미리 명문을 지으려 했었다. 그러나 미루다 끝내지 못했다. 초고 속에 보관되어 있으니 찾아서 써라."라고 말씀하였다. …… 남기신 당부를 생각하면 감히 어길 수가 없으나, 묘도(墓道)에 게시해서 후세에 알리는 것도 안 할 수는 없다. 해서 그 대략을 기록하고 이에 대한 말을 붙인다.

마지막의 마지막 순간까지, 결코 자신을 놓지 않으려 했던 큰 학자의 경경한 음성이 쩌렁쩌렁하다.

제4장 이식(李植)의 〈권상원(權尙遠)을 보내는 소서〉

大抵有所挾而無所求, 難矣. 讀書以爲博, 攻詞以爲工, 其爲挾也, 豈淺尠哉? 有是挾而能不求利祿, 固難. 卽不求利祿者, 有矣, 而能不求名聞, 爲尤難. 持此二難, 久而不渝, 困窮而自泰, 斯又古今之至難也.

永嘉 權生 尙遠, 吾所謂博文攻詞人也. 然而不習科業, 而有時乎應擧, 自喜詞學, 而不期乎名世. 敝褐破鞋, 浮遊城市, 悠悠忽忽, 土苴形骸. 間或傲言高談, 未嘗降辭色以少徇時好. 雖出入士友間, 寡與親善. 或見掃跡而去之.

噫! 生於其所挾與其遭, 非有所利之, 而安之若命, 豈吾所謂古今之至難者非耶? 雖然, 君子進德修業, 盡吾性而已. 名有所不避, 祿有所當受. 過此以往, 聖人謂"索隱行詭", 非大中之道也. 權生好遊名山, 多方外交. 吾懼其道虛曠無所倚, 或流於異術, 故於其歸, 申以警之.

– 李植, 『澤堂集』「送權生尙遠小序」

주 석

1) 永嘉(영가)

안동(安東)의 옛 명칭. 권상원(權尙遠)은 안동 권씨다.

2) 土苴(토저)

두엄 풀. 찌꺼기. 보잘것없는 물건이나 천한 것을 비유한 말이다. 『장자(莊子)』「양왕(讓王)」에 "참된 도로 몸을 다스리고, 그 나머지로 국가를 돌보며, 그 찌꺼기로 천하를 다스린다.[道之眞以治身, 其緖餘以爲國家, 其土苴以治天下.]"라고 한 말에서 유래하였다.

3) 辭色(사색)

말과 얼굴빛을 아울러 이르는 말.

4) 時好(시호)

그 시대 사람들의 기호나 좋아하는 경향, 당대의 유행.

5) 掃跡(소적)

길을 쓸어 자취를 지움. 공치규(孔稚圭)의 「북산이문(北山移文)」에 "혹은 나뭇가지를 날려 수레를 부수기도 하고, 혹은 나뭇가지를 낮게 드리워 속인(俗人)의 자취를 쓸어버린다.[或飛柯以折輪, 或低枝而掃迹.]"라고 한 말에서 유래하였다.

6) 進德修業(진덕수업)

『역경(易經)』「건괘(乾卦) 문언(文言)」에 "군자는 덕에 나아가고 업(業)을 닦는다. 충신은 진덕하는 방법이요, 말을 함에 그 정성을 세움은 업에 거하는 방법이다.[君子進德修業. 忠信, 所以進德也. 修辭立其誠, 所以居業也.]"라고 한 말을 인용하였다.

7) 索隱行詭(색은행궤)

숨어있는 것을 찾아내고 괴이한 짓을 행함. 『중용(中庸)』에 "숨어있는 것을 찾아내고 괴이한 짓을 행함을 후세에 칭술하는 이가 있는데, 나는 이러한 짓을 하지 않는다.[索隱行怪, 後世有述焉, 吾弗爲之矣.]"라고 하였다.

8) 大中(대중)

더하거나 덜함 없는 상태. 중용.

9) 方外(방외)

방(方)은 세상을 뜻하는 말로, '방외'는 유가에서 주로 불가나 도가를 지칭하는 말.

10) 虛曠(허광)

텅 비어 있음

11) 異術(이술)

이단(異端)

저자 소개

● 이식(李植)

1584~1647. 조선 중기 인조 때 문신으로, 자는 여고(汝固), 호는 택당(澤堂), 시호는 문정(文靖)이다. 대제학 · 예조판서 · 이조판서 등을 역임했다. 조선중기의 한국한문학사를 대표하는 작가 중 한 명으로, 계곡(谿谷) 장유(張維) · 상촌(象村) 신흠(申欽) · 월사(月沙) 이정구(李廷龜)와 함께 '계택상월(谿澤象月)'로 불리며, 조선중기의 '사대가(四大家)'로 꼽힌다. 문집으로 『택당집(澤堂集)』이 있다.

해 설

이 글은 '송서(送序)'이다. 송서란 길을 떠나는 사람에게 전별하는 의미로 당부의 말을 써주는 것이다. 말로 정신적 여비를 보태는 것이다. 여기서는 권상원(權尙遠)이란 젊은이를 전송하며 써준 당부의 말이다. 시정잡배 같은 모리배가 되어선 안 되지만, 지나치게 이상이 높아 이 때문에 시니컬하고 세상과 타협할 줄 모르는 젊은이를 찬찬히 타이르는 글이기도 하다.

제5장 박지원(朴趾源)의 누이에 대한 묘지명

孺人諱某, 潘南朴氏. 其弟趾源 仲美誌之, 曰: 孺人十六歸德水 李宅模 伯揆, 有一女二男. 辛卯九月一日歿, 得年四十三. 夫之先山曰鵶谷, 將葬于庚坐之兆. 伯揆既喪其賢室, 貧無以爲生, 挈其穉弱婢指十、鼎鎗箱簏, 浮江入峽, 與喪俱發. 仲美曉送之斗浦舟中, 慟哭而返.

嗟乎! 姊氏新嫁曉粧, 如昨日. 余時方八歲. 嬌臥馬騳, 效婿語口吃鄭重. 姊氏羞墮梳觸額. 余怒啼, 以墨化粉, 以唾漫鏡. 姊氏出玉鴨金蜂, 賂我止啼. 至今二十八年矣. 立馬江上, 遙見丹旐翩然, 檣影逶迆, 至岸轉樹隱, 不可復見, 而江上遙山, 黛綠如鬟, 江光如鏡, 曉月如眉. 泣念墮梳, 獨幼時事歷歷, 又多歡樂. 歲月長, 中間常苦離患, 憂貧困, 忽忽如夢中. 爲兄弟之日, 又何甚促也?

去者丁寧留後期, 猶令送者淚沾衣. 扁舟從此何時返? 送者徒然岸上歸.

– 朴趾源, 『燕巖集』「伯姊贈貞夫人朴氏墓誌銘」

주 석

1) 孺人(유인)
벼슬하지 않은 사인(士人)의 아내를 일컫는 말.

2) 得年(득년)
향년(享年)과 같음.

3) 庚坐(경좌)
남서쪽을 등지고 앉은 방향.

4) 兆(조)
무덤자리

5) 穉弱(치약)
어린아이

6) 指十(지십)
십지(十指)와 같은 말로, 한 명을 가리키는 말.

7) 鼎鎗(정쟁)
솥단지

8) 箱簏(상록)
대나무로 엮은 상자. 옷상자 등.

9) 馬驙(마전)
말이 진흙에 몸을 굴리듯이 버둥대는 짓.

10) 口吃(구흘)
말을 더듬다.

11) 丹旐(단조)
붉은 깃발. 붉은 명정.

12) 逶迤(위이)
구불구불 이어지는 모양.

13) 黛綠(대록)

검푸른 산등성이 능선을 가리키는 말이다.

14) 鬟(환)

쪽진 머리

15) 徒然(도연)

부질없이, 헛되이.

저자 소개

● 박지원(朴趾源)

1737~1805. 조선후기 문신이자 문장가로, 자는 중미(仲美), 호는 연암(燕巖)이다. 조선후기의 소위 '이용후생파(利用厚生派) 실학자'로 분류되는 대표적인 인물이다. 청(淸)의 문물을 받아들이고 배워야 한다는 북학파(北學派)의 중심에 있었다. 무엇보다 자유롭고 개성적인 문체로 당대 최고의 문인으로 평가된다. 사신단의 일원으로 열하(熱河)를 여행하고 쓴 기행문 『열하일기(熱河日記)』는 당대에도 선풍적인 인기를 누렸는데, 동시에 정조에게 문체를 타락시킨 원흉으로 지목되어 문체반정(文體反正)의 대상이 되기도 했다. 문집으로 『연암집(燕巖集)』이 있다.

해 설

박지원이 가난한 시절 고생만 하다 죽은 맏누이를 위해 지은 묘지명이다. 제목의 '증 정부인(贈貞夫人)'은 여성의 사후에 남편이나 아들이 관직을 받으면, 그와 걸맞은 작위를 추증하여 얻게 되는 사후 작위이다. 묘지명은 일반적으로 고인의 평생을 이야기하는 서문(序文)과 4언의 운문을 정체로 하는 명(銘)으로 이루어진다. 서문에서는 먼저 고인의 가계를 비롯한 인정기술(人定記述)이 오고, 그 다음에 일생의 사적을 몇 개의 일화를 중심으로 정리하고, 마지막에는 장례에 관한 일과 자손들에 대해 기록하는 것이 일반적인 모습이다. 그런데 박지원은 이러한 장르 관습을 과감히 뒤집었다. 인정기술부는 최대한 간략히 서술했고, 일화들을 따라가며 일생을 나열하지도 않았다. 대신 강가에 서서 떠나가는 누이의 상여를 전송하는 현재 시점에 서서, 어린 시절 누이와의 추억을 이야기하고, 그 추억을 상여가 떠나가는 새벽 강가의 풍경에 겹쳐놓으며, 영결의 슬픔을 이야기했다. 명도 4언 운문이 아닌 7언 절구로 대신했다. 애도의 정서를 품고 있으나 기본적으로는 서사를 위주로 하는 묘지명의 서문과 명을 서정 위주의 산문과 시로 바꿔 놓았다. 이덕무(李德懋)가 '이 글을 읽고 울지 않는 이는 사람이 아니다'라고 했다고 할 만큼, 일생을 기록한다는 목적보다는 현재의 서정에 집중한 글이다. 당대에도 현대에도 연암을 대표하는 글 중 하나이다.

제6장 이용휴(李用休)의 〈하사고(霞思稿)에 쓴 글〉

老人無事, 使坐客說平生奇觀異聞而聽之. 一客云: "某年冬暖如春, 忽風作雪下, 入夜雪止, 虹飮于井, 村人驚起噪焉." 一客云: "曩有行脚僧, 言'曾入深峽, 遇一獸. 虎軀綠毛, 角而肉翅, 聲如嬰兒'." 余謂: "是近謊說, 不可信." 翌朝, 有一少年子來謁, 以詩爲贄. 問其姓名, 曰"李亶佃". 已訝其異乎人之命名. 及開券, 光怪陸離難狀, 有出思慮之外者. 始信二客之說非也謊.

- 李用休, 『㬂䜚集』「題霞思稿」

주 석

1) 奇觀異聞(기관이문)

기이한 견문

2) 虹飮于井(홍음우정)

무지개가 우물물을 마심. 하늘의 무지개가 땅에 내려와서 우물물을 마신다는 설화에서 온 말이다.

3) 行脚僧(행각승)

수행의 일종으로 돌아다니며 구걸을 하는 승려.

4) 肉翅(육시)

박쥐의 날개처럼, 깃털이 없는 날개.

5) 謊說(황설)

잠꼬대 같은 횡설수설.

6) 李亶佃(이단전)

이단전(李亶佃, 1755~1790). 조선 후기의 시인으로, 호는 필재(疋齋) · 필한(疋漢)이며, 이용휴(李用休)의 제자이기도 하다.

7) 光怪(광괴)

괴이한 빛

8) 陸離(육리)

눈이 부시게 아름다운 모양. 뿜어져 나와 흩어짐.

저자 소개

● 이용휴(李用休)

1708~1782. 조선 영조 때의 학자, 문인으로, 자는 경명(景命), 호는 혜환(惠寰)이다. 근기남인(近畿南人)의 대표적 문인이다. 평생 벼슬하지 않았으나, '재야의 문형(文衡)'이라고 불릴 정도로 문학적 영향력이 있었다. 양명학(陽明學)적 취향이 있었고, 소품문(小品文)으로도 유명하다. 근기남인들뿐 아니라, 여항(閭巷)의 문인들에게도 큰 영향을 끼쳤다. 저서로 『혜환잡저(惠寰雜著)』·『혜환시초(惠寰詩抄)』·『탄만집(㠴𢿘集)』 등이 있다.

해 설

이단전(李亶佃)은 신분이 천했지만 문학적 능력이 뛰어나 당대 명사들에게 대접을 받던 인물이다. 이단전이란 이름도, '단(亶)'은 '다만'이라는 뜻의 글자이고, 전(佃)은 전노(佃奴), 즉 농노(農奴)를 가리키는 글자이다. 그러니 '그저 종놈일 뿐'이라는 뜻이다. 그래서 이용휴 자신도 처음 그 이름을 들었을 때 이상한 명명법이라고 생각했다고 했다. 이단전은 또 필재(疋齋)라고 자호를 사용했는데, 필(疋)을 파자(破字)하면 하인(下人)이다. 한이 서린, 자조적인 명명법인 것이다.

이 글은 그의 시집인 『하사고』에 써준 제사(題辭)이다. 요즘말로 하면, '추천의 글' 쯤 될까? 이용휴의 제사는 먼저 세상의 신기한 현상들에 대한 소문을 이야기한다. 우물에 무지개가 빠지는 이상한 현상이나, 이 세상엔 도저히 있을 것 같지 않은 신기한 동물 등의 이야기이다. 그리고 그저 황당한 잠꼬대라고 생각했다고 일단 마무리했다. 그러나 다음날 이단전을 처음 만나 그의 시집을 펴보고는, 그런 일이 결코 황당한 잠꼬대가 아니라는 것을 알게 되었다고 이어받았다. 성동격서(聲東擊西) – 엉뚱한 소리로 시작해서, 본론으로 확 이어붙이는 문장법을 구사했다. 황당한 잠꼬대라는 인식에서 황홀한 신비로 변해가는 인식의 과정은 한마디 구체적인 비평 없이도 이단전이란 사람과 그의 시세계를 확연히 깨닫게 한다.

제7장 정약용(丁若鏞)의 〈세검정(洗劍亭)을 노닌 기문〉

洗劍亭之勝, 唯急雨觀瀑布是已. 然方雨也, 人莫肯沾濕鞴馬而出郊關之外, 旣霽也, 山水亦已衰少. 是故, 亭在莽蒼之間, 而城中士大夫之能盡亭之勝者, 鮮矣. 辛亥之夏, 余與韓徯甫諸人, 小集于明禮坊. 酒旣行, 酷熱蒸鬱, 墨雲突然四起, 空雷隱隱作聲. 余蹶然擊壺而起曰 : "此暴雨之象也. 諸君豈欲往洗劍亭乎? 有不肯者, 罰酒十壺, 以供具一番也." 僉曰 : "可勝言哉!" 遂趣騎從以出.

出彰義門, 雨數三點已落, 落如拳大. 疾馳到亭下, 水門左右山谷之間, 已如鯨鯢噴矣, 而衣袖亦斑斑然. 登亭列席而坐, 檻前樹木, 已拂拂如顚狂, 而洒淅徹骨. 於是, 風雨大作, 山水暴至, 呼吸之頃, 塡谿咽谷, 澎湃砰訇, 淘沙轉石, 渤潏奔放, 水掠亭礎, 勢雄聲猛, 榱檻震動, 凜乎其不能安也. 余曰 : "何如?" 僉曰 : "可勝言哉!" 命酒進饌, 諧謔迭作. 少焉, 雨歇雲收, 山水漸平, 夕陽在樹, 紫綠萬狀, 相與枕藉, 吟弄而臥. 有頃, 沈華五得聞此事, 追至亭, 水已平矣. 始華五邀而不至, 諸人共嘲罵之, 與之飮一巡而還. 時洪約汝、李輝祖、尹无咎, 亦偕焉。

– 丁若鏞, 『與猶堂全書』「游洗劍亭記」

주 석

1) 鞴馬(비마)

말에 안장이나 멍에를 얹어 길 떠날 준비를 함.

2) 郊關(교관)

교외로 통하는 관문

3) 莽蒼(망창)

어슴푸레하게 바라보이는 교외의 들녘 모습.

4) 鮮(선)

적다. 양이나 경우의 수가 적음을 나타낸다.

5) 辛亥(신해)

1791년(정조15)으로, 이 해 정약용은 30세로서, 사헌부 지평의 벼슬을 하면서 규장각 초계문신으로 있었다.

6) 韓徯甫(한혜보)

한치응(韓致應). 혜보는 그의 자(字)이다. 한치응은 사환(仕宦) 시절 정약용의 친구로, 평생에 걸친 우의를 지속했다.

7) 明禮坊(명례방)

사환 시절 정약용의 집이 명례방에 있었다. 죽란시사(竹欄詩社)가 결성된 곳이다.

8) 蹶然(궐연)

갑자기 벌떡 일어서는 모양

9) 供具(공구)

(음식 따위를) 갖추어 이바지하다.

10) 彰義門(창의문)

서울 도성의 서북문

11) 鯨鯢(경예)

수고래와 암코래

12) 斑斑(반반)

얼룩덜룩한 모양

13) 洒淅(선석)

추운 모양

14) 澎湃(팽배)

큰 물결이 서로 맞부딪는 소리. 기세나 사조 따위가 세차게 일어나는 모양.

15) 砰訇(팽굉)

세찬 바람이 불고 비가 억수로 내리는 소리.

16) 浡潏(발휼)

물이 용솟음치는 모양

17) 榱檻(최함)

최는 서까래, 함은 난간.

18) 諧謔(해학)

우스갯소리, 농지거리.

19) 枕藉(침자)

사물이 이리저리 겹쳐져 있음. 또는 서로를 베개로 삼고 누워 잠.

20) 有頃(유경)

경(頃)은 시각의 단위, '유경'은 짧은 시간이 경과함을 뜻함.

21) 沈華五(심화오)

심규로(沈奎魯). 화오는 그의 자(字)이다.

22) 洪約汝(홍약여) · 李輝祖(이휘조) · 尹无咎(윤무구)

약여 · 휘조 · 무구는 각각 홍시제(洪時齊) · 이중련(李重蓮) · 윤지눌(尹持訥)의 자(字)이다. 심규로까지 포함해서 이들은 모두 명례방 시절 정약용의 절친한 지인들로, 죽란시사(竹欄詩社)라는 시사의 동인들이기도 했다.

저자 소개

● 정약용(丁若鏞)

1762~1836. 조선 후기의 학자이자 문신이다. 자세한 내용은 제2부의 10장 [저자와 저술 소개] 참조.

해 설

정선이 그린 세검정

세검정은 도성 가까이에 위치하고 있으면서 풍광이 아름다웠기 때문에 조선후기 사대부들이 사랑한 대표적인 유람지였다. 권세가들의 별장지대이기도 해서, 흥선대원군의 별장인 석파정이 현재도 남아있다. 세검정을 읊은 유명한 기문이나 시들이 많은 것은 그 때문이기도 하다.

이 글은 젊은 시절 정약용의 산문 세계를 대표적으로 보여주는 산문이다. 문체상으론 '기(記)' 중에서도 '산수유기(山水遊記)'에 해당한다. 단편 소품의 길이에, 유람의 흥취를 응축해 묘사하고 있다. 기록보다 서정에 초점을 맞추고 있어, 기록성보다 작품성을 추구하는 산문이다. 섬세하고 유미적인 격정에 자신을 내맡기는, 젊은 문사의 화려하고 낭만적이며 구김살 없는 기상을 유감없이 보여주어, 소품(小品)의 '기궤(奇詭)'한 특성을 반대한 자신의 문장론과는 다른 산문 미학을 보여준다.

이 글은 전체적으로 섬세한 구법에 의해 짜여있다. 이 글 전체의 핵심문장은 "세검정은 가까운 교외에 있지만 성중 사대부들 중에 그것을 다 누리는 자는 거의 없다[亭在莽蒼之間, 而城中士大夫之能盡亭之勝者, 鮮矣.]"이다. 이 핵심문장을 앞머리에 제시하고, 늦게 와서는 후회하는 심화오를 마지막에 등장시켜 마무리하는 수미상관의 방식을 사용하고 있다. 또한 세검정의 비가 내리는 장면은 대단히 호흡이 빠른 힘찬 묘사로 이루어져 있어, 내용만이 아니라 형식상으로도 세검정의 장대한 물의 흐름을 표현한다. 네 글자로 이루어진 구절이 계속 반복되면서 절정을 향해 치닫는 느낌을 강조하고, 그 절정에서 '두려워라![凜乎!]'라는 감탄을 터트리는 문장법을 구사했다.

제8장 홍석주(洪奭周)의 〈무명(無命)에 대한 변(辨)〉

當然而然者, 義也; 莫之然而然者, 命也. 聖人由義而命在其中, 君子以義順命, 中人以上, 以命斷義, 中人以下, 不知命而亡其義. 是以不知命而能安於義者, 鮮矣; 不達於義而能安其命者, 未之有也. 然命有時而不言, 義無往而不行. 故事親以孝, 無問其命矣; 事君以忠, 無問其命矣; 修己以敬, 無問其命矣; 砥行以勤, 無問其命矣.

雖然, 命有時而不言, 亦有時而不得不言. 故窮達有命, 不可求也; 死生有命, 不可逃也; 貴賤有命, 不可營也; 貧富有命, 不可圖也. 蓋命非所以動聖賢, 而可以厲中人; 非所以處常事, 而可以斷禍福. 知命之不可以容力也, 則吾無所施其巧矣; 知命之非出於安排也, 則吾無所容其心矣.

夫脅肩諂笑而取富貴者, 有之矣; 秉義蹈難而身死亡者, 亦有之矣. 然時至於富貴, 則抗道者未始不達; 運直於死亡, 則忍恥者亦未必能全. 命固如是, 不可得而移也. 人苟於斯而知之明也, 人苟於斯而信之篤也, 則夫孰有勞心而求利, 包羞而偷生者乎?

故苟不知義, 命無用也, 苟爲知義也, 則命之有補於世敎, 亦大矣. 自夫無命之說起, 而不信命之人衆. 於是乎純樸離而機智繁, 天道誣而人事潰. 干祿徼利、貪生畏死之徒滋, 而天下亂矣. 此所謂無命之害也. 惟君子聽之命而唯義之是從.

- 洪奭周,『淵泉集』「無命辨 上」

주 석

1) 脅肩諂笑(협견첨소)

어깨를 웅크리고 아첨하며 웃는다는 말.『맹자(孟子)』「등문공(滕文公)」에 “어깨를 웅크리고 아첨하며 웃는 것은 여름의 밭일보다도 힘들다.[脅肩諂笑, 病于夏畦.]”라고 한 말에서 유래하였다.

2) 直(치)

만나다, 당하다.

3) 干祿(간록)

벼슬을 하여 봉록을 받는 방법을 강구함.

저자 소개

● 홍석주(洪奭周)

1774~1842. 조선후기 문신 · 문장가 · 학자로, 자는 성백(成伯), 호는 연천(淵泉)이다. 풍산 홍씨(豊山洪氏) 명문에 태어나 좌의정에 올랐다. 그는 조선조 후기의 대표적인 고문가로서, 대산(臺山) 김매순(金邁淳)과 함께 '연대문장(淵臺文章)'으로 나란히 칭해졌다. 저서에 『연천집(淵泉集)』 · 『학해(學海)』 · 『학강산필(鶴岡散筆)』 · 『영가삼이집(永嘉三怡集)』 · 『동사세가(東史世家)』가 있고, 편서에 『속사략익전(續史略翼箋)』 · 『상예회수(象藝會粹)』 · 『대기지의(戴記志疑)』 등이 있다.

해 설

이 글은 '운명이란 없다(無命)'고 주장하는 글이 아니라, '운명이란 없다는 주장'의 정당성에 대해 논변하는(辨) 글이다. '변(辨)'이란 논술문에 해당하는 하위 문체 중 하나로, 어떤 사실에 대해 분석하고 파헤쳐서 옳고 그름을 가름하는 문체이다. 홍석주는 김소행(金紹行, 1765~1859)의 「원명(原命)」이라는 글을 반박하기 위해 이 글을 지었다. 여기에 실린 글은 상 · 하 두 편 중에서 상편이다. 김소행은 『삼한습유(三韓拾遺)』의 저자로 널리 알려져 있는데, 홍석주 집안과는 절친한 관계여서, 평생 홍씨 집안 문객으로 문필을 함께 했다. 특히 두 사람은 토론의 맞수였다. 평생에 걸쳐 두 친구는 온갖 주제로 불꽃 튀는 격렬한 토론을 벌였고 그러다가 흥분하면 주먹을 휘두르기도 했다는 것이 홍석주의 동생 홍길주(洪吉周)의 증언이다.

그 토론 주제 중 하나가 '운명이란 것이 있는가?'였다. 김소행이 '운명이란 없다'는 주제로 「원명(原命)」을 짓자 홍석주는 「무명변(無命辨)」을 지어 그 설을 반박했다. '원(原)' 역시 논술문에 해당하는 하위 문체 중 하나로, 어떤 사실을 원론으로까지 소급해서 해명하는 방식의 문체이다. 지금은 남아있지 않은 김소행의 이 글은, 제목으로 볼 때 '운명(命)'을 원론적 차원에서 다루며 '그런 것은 없음'을 주장하는 글이었던 듯하다. 홍석주는 「원명」에 나오는 수십 마디 말을 그대로 자신의 글에 가져다 사용하면서 「원명」의 주장을 뒤집는 글을 지었다고 한다.

제9장 강정일당(姜精一堂)의 척독(尺牘)

俄者, 似聞自城內還駕, 歷入某家, 果然否? 此雖士夫家, 今方賣酒. 夫子之與客歷訪, 固出偶然, 而安知外人不謂沽飮也? 古人詩云: "君子防未然, 不處嫌疑間." 可不警惕耶?

- 姜靜一堂, 『靜一堂遺稿』에 실린 尺牘

주 석

1) 君子防未然, 不處嫌疑間(군자방미연, 불처혐의간)

중국 삼국시대 위(魏)의 조식(曹植)이 지은 「군자행(君子行)」에 "군자는 미연에 방지하여, 혐의스러운 지경에 처하지 않나니, 오이 밭에선 신 끈을 고쳐 매지 않고, 오얏나무 밑에선 관을 바로잡지 않는다.[君子防未然, 不處嫌疑間. 瓜田不納履, 李下不整冠.]"라고 한 데서 인용하였다.

2) 警惕(경척)

경계하다. 경계심을 갖다.

我有實德, 人雖不知, 何損焉? 我無實德, 雖有虛譽, 何益焉? 有玉於此, 人謂之石, 而無損於玉. 有石於此, 人謂之玉, 而無益於石. 願夫子務實德, 上不愧于天, 下不怍于地, 無恤乎人之知不知也.

- 같은 책에 실린 尺牘

允摯堂曰 : "我雖婦人, 而所受之性, 初無男女之殊." 又曰 : "婦人而不以任、姒自期者, 皆自棄也." 然則雖婦人而能有爲, 則亦可至於聖人. 未審夫子以爲如何?

- 같은 책에 실린 尺牘

주 석

1) 允摯堂(윤지당)

임윤지당(任允摯堂, 1721-1793). 조선후기 성리학자로, 성은 임씨(任氏)이고, 윤지당은 호이다. 성리학자 임성주(任聖周)의 동생이고, 남편은 신광유(申光裕)이다. 경전과 성리학설에 관한 논설 및 중국 역대 위인 · 영웅 · 학자들에 대한 논평들을 남겼다. 유고로 『윤지당유고(允摯堂遺稿)』이 있다.

2) 임사(任姒)

주(周)나라 문왕(文王)의 어머니인 태임(太任)과 무왕(武王)의 어머니인 태사(太姒)로, 부덕(婦德)을 갖춘 훌륭한 여인을 대표한다.

妾是一箇婦人, 身鎖閨闥, 無聞無識, 猶於針線灑掃之隙, 覽古經籍, 窮其理而效其行, 思欲與前修同歸. 矧夫子以大丈夫立心求道, 從師取友, 孜孜進益, 則何所學而不能, 何所講而不明, 何所行而不達? 由仁義立中正, 成聖成賢, 誰能禦之? 聖賢, 丈夫也, 吾亦丈夫也. 何畏而不爲哉? 萬乞夫子日新其德, 必以聖賢爲期.

주 석

1) 閨闥(규달)

규방

2) 前修(전수)

전현(前賢)과 같은 말. 예전의 현인.

3) 孜孜(자자)

부지런히 노력하는 모습

4) 中正(중정)

지나치고 모자람이 없으며, 치우침이 없이 곧고 올바름.

저자 소개

● 강정일당(姜靜一堂)

1772~1832. 조선후기 여성문인이자 성리학자이다. 강재수(姜在洙)의 딸이며 탄재(坦齋) 윤광연(尹光演, 1778~1838)의 부인이다. 경서(經書)에 두루 통하였으며 특히 예학(禮學)에 밝았다. 시문으로 당대에 알려졌으며, 글씨도 잘 썼다고 한다. 문집으로 『정일당유고(靜一堂遺稿)』가 있다.

해 설

조선은 유교의 나라였다. 남녀의 역할을 엄격하게 나누고, 여성은 '술 빚고 밥 짓는 것에만 마음을 써야하고', '잘못하는 일이 있어서도 안 되지만 마음이 우쭐해질 잘하는 일이 있는 것도 좋은 일이 아니라'는 것[無非無儀, 唯酒食是議.]이 경전의 가르침이었다. 하물며 학문이나 문학은 '창기나 하는 짓'이었다. 그러나 실제에선 조금 다른 측면도 있다. 물론 상층 양반가의 일이지만, 집안에 따라서는 딸들에게도 학문과 문학이 허락되었고, 때론 원하는 만큼 가르쳐, 집안에서 아버지와 숙부들에게 학자로 대접받은 딸도 있었다. 온 집안 식구 - 아버지와 어머니, 아들들과 딸들, 때론 며느리까지 어울려 가정에서 시회(詩會)를 여는 것이 일상의 일부였던 집안들도 있다. 남편과 아내가 시 친구로 지내는 경우도 있고, 시아버지의 생신에 시를 지어 올리고, 시숙이나 시누이들과 시를 지어 교환한 집들도 있었다. 궁중의 왕세자와 시집간 공주 동생이 편지마다 시를 지어 주고받기도 했다. 이념과 현실은 언제나 간격이 있다.

조선후기에는 '성리학자'로 불리는 여성들이 등장한다. 임윤지당(任允摯堂)과 강정일당(姜精一堂) 같은 이들이 대표적인 예이다. 강정일당은 몰락한 서울 선비의 아내로써, 남편의 스승 노릇을 겸했다. 그녀가 죽고 나서 남편이었던 윤광연(尹光演)이 지은 제문에는 '집안의 엄한 스승이라, 그 앞에 서면 두려워 떨리곤 했다'는 애도의 말이 들어있다. 당대의 산림이었던 홍직필(洪直弼)은 그녀의 문집에 서문을 쓰면서 그녀를 '학자'로 인정했다.

이 글들은 강정일당의 척독(尺牘) - 짧은 편지들이다. 안채에 있는 정일당이 사랑채의 남편에게 내보낸 쪽글들이다. 사랑채에 자유롭게 드나들 수 없는 대신, 일상의 행동부터 학문에 대한 태도까지 일일이 타이르고 조언하는 글들이다. 부부관계라기보다 스승과 제자 같은 모습을 보여준다. 물론 그럼에도 그녀는 철저히 유가적 내조자로서의 입장을 고수한다. 여러 아이를 낳았지만 모두 어려서 잃고 하나도 키우지 못했다고 고백하는 죽은 딸의 묘지명을 통해서는 이런 쪽글들에서는 보이지 않는 모성의 얼굴을 볼 수 있기도 하다.

제10장 홍길주(洪吉周)의 〈연암집(燕巖集)을 읽고〉

晨鼂起盥頮, 施鬘織虎坐巾于額, 取鏡以炤, 端其攲邪, 人人之所同. 然余始冠施巾, 加二指眉上, 爲之度, 無待乎鏡炤. 繇是或旬月, 不對鏡. 少壯之容, 今已忘之矣. 人有可與友者, 同閈居幾年, 未識面而去, 以爲恨. 我與我, 其近豈直同閈哉? 今余不識吾少時容, 不以爲恨, 何也?

千歲之前, 有人焉, 其道德可師, 其文章可法, 吾恨其不同時也. 百歲之前, 有人焉, 志氣言議, 可觀也, 吾恨其不同時也. 數十歲之前, 有人焉, 氣足以橫六合, 才足以駕千古, 文足以顚倒萬類. 其在世也, 余已通人事, 然而未及見也, 然而未及與之言也. 然而吾不以爲恨, 何也? 余旣不識數十年前之吾, 況於數十年前之他人乎?

今余取鏡而觀今之吾, 披卷而讀其人之文, 其人之文, 卽今之吾也. 明日又取鏡而觀之, 披卷而讀之, 其文卽明日之吾也. 明年又取鏡而觀之, 披卷而讀之, 其文卽明年之吾也. 吾之容老而益變, 變而忘其故, 其文則不變. 然亦愈讀而愈異, 隨吾之容而肖焉已矣.

– 洪吉周, 『縹礱乙籤』 「讀燕巖集」

주 석

1) 晨鼂(신조)

새벽

2) 盥頮(관회)

세수하다.

3) 虎坐巾(호좌건)

망건의 일종. 뒤부터 말갈기로 실을 대신하여 꼭 졸라매어서 자국이 낭자하게 났는데 이를 '호좌건'이라 한다. 그 앞이 높고 뒤가 낮아서 흡사 범이 쭈그리고 있는 것 같다고 하여 붙여진 이름이었다.

4) 攲邪(기사)

기울다.

5) 繇(요)

'~로부터'라는 전치사로 쓰임. '由'와 같다.

6) 直(직)

부사로 '다만'의 뜻으로 쓰였다.

7) 六合(육합)

천지 사방상하를 가리키는 말로, 세상 전체를 말한다.

8) 萬類(만류)

만물

저자 소개

● 홍길주(洪吉周)

1786~1841. 조선 후기의 문장가로, 자는 헌중(憲仲), 호는 항해(沆瀣)이다. 아버지는 홍인모(洪仁謨), 어머니는 영수합(令壽閤) 서씨(徐氏), 형은 대제학을 지낸 연천(淵泉) 홍석주(洪奭周), 아우는 정조의 사위 홍현주(洪顯周), 누이는 홍원주(洪原周)다. 최고의 문한가에서, 당대로선 드물게 일가족이 모두 개인 시문집을 지닌 독특한 가정환경에서 자랐다. 일찌감치 벼슬길을 단념하고 문학으로 업을 삼았는데, 틀에 얽매이지 않는 참신한 시각과 발상법, 뛰어난 문장력으로 당대 최고의 문장가로 인정받았다. 저서로 『현수갑고(峴首甲藁)』·『표롱을첨(縹礱乙籤)』·『항해병함(沆瀣丙函)』의 3부작 저작을 비롯해 『숙수념(孰遂念)』, 『수여방필(睡餘放筆)』·『수여연필(睡餘演筆)』·『수여난필(睡餘瀾筆)』·『수여난필속(睡餘瀾筆續)』의 4부작 잡록, 『서림일위(書林日緯)』 등이 있다.

해 설

연암(燕巖) 박지원(朴趾源)의 문집인 『연암집』을 읽은 독후감이다. 홍길주 역시 글쓰기에 있어서 기발한 발상으로 유명한 사람이다. 그는 『연암집』의 독후감을 쓰면서, 먼저 상투 틀고 망건 쓰는 이야기를 꺼낸다. 관례(冠禮)를 하고 처음 망건을 쓰면서부터 일정한 방식을 훈련해서 거울을 보지 않고도 상투를 틀고 망건을 쓸 수 있다는 이야기이다. 하여 오랫동안 거울을 보지 않았기에 그 사이 계속 변했을 자신의 얼굴을 스스로는 모른다고 한다. 그러니 내가 나 스스로의 모습을 모르는데 박지원의 생전에 그를 만나보지 못했다고, 무얼 아쉬워하랴? 그를 만나는 방식은 그의 문장을 읽는 것이다. 오늘 내가 읽은 연암은 오늘의 내 모습일 것이고, 내일 내가 읽은 연암은 내일의 내 모습일 것이다. 그것이 연암을 제대로 읽는 법이라는 이야기이기도 하다. 마치 현대의 수용이론과 비슷한 이야기를 하고 있다. 즉 독서 주체의 모습에 따라 독서의 대상은 늘 새롭게 해석되는 것일 것이라고 말한다. 독서란 원래 그런 것이다. 독자와 작가가 글을 통해 조우하는 한 순간을 위해서 독서를 하는 것이 아니던가? 그러니 내일의 내가 오늘의 나와 다를 것이 틀림없다면 내일의 내가 읽은 연암이 오늘 읽은 연암과 같을 리가 없다. 독후감을 쓰면서 독서론을 개진하고 있는 것이기도 하다.